# UM PASSARINHO ME CONTOU

# BIZ STONE

# UM PASSARINHO ME CONTOU

*Confissões de uma Mente Criativa*

TRADUÇÃO
Patrícia Azeredo

1ª edição

Rio de Janeiro | 2014

CIP-BRASIL. CATALOGAÇÃO NA FONTE
SINDICATO NACIONAL DOS EDITORES DE LIVROS, RJ.

Stone, Biz

S885u    Um passarinho me contou / Biz Stone ; tradução Patrícia Azeredo. –
1. ed. – Rio de Janeiro: BestSeller, 2014.
il.

Tradução de: Things a little bird told me
ISBN 978-85-7684-851-6

1. Autobiografia. 2. Empreendedorismo. 3. Twitter I. Título.

CDD: 658.406

14-13054                                        CDU: 005.332.3

Texto revisado segundo o novo Acordo Ortográfico da Língua Portuguesa.

Título original
THINGS A LITTLE BIRD TOLD ME
Copyright © 2014 by Biz Stone
Copyright da tradução © 2014 by Editora Best Seller Ltda.

Publicado mediante acordo com Grand Central Publishing, New York, USA.

Capa adaptada da original de: Christopher Silas Neal
Foto de capa: Paige Green
Ilustrações: Patrick Barth

Todos os direitos reservados. Proibida a reprodução,
no todo ou em parte, sem autorização prévia por escrito da editora,
sejam quais forem os meios empregados.

Direitos exclusivos de publicação em língua portuguesa para o Brasil
adquiridos pela
EDITORA BEST SELLER LTDA.
Rua Argentina, 171, parte, São Cristóvão
Rio de Janeiro, RJ – 20921-380
que se reserva a propriedade literária desta tradução

Impresso no Brasil

ISBN 978-85-7684-851-6

Seja um leitor preferencial Record.
Cadastre-se e receba informações sobre nossos lançamentos e nossas promoções.

Atendimento e venda direta ao leitor
mdireto@record.com.br ou (21) 2585-2002

*Para Livia*

# SUMÁRIO

| | |
|---|---|
| Introdução: uma entidade genial | 9 |
| 1 O quão difícil pode ser? | 19 |
| 2 Cada dia é um novo dia | 35 |
| 3 Os reis do podcast abdicam do trono | 53 |
| 4 Uma breve lição sobre limitações | 75 |
| 5 Humanos aprendem a voar em bando | 82 |
| 6 Felizes para sempre | 97 |
| 7 Um viva para a baleia | 111 |
| 8 O ponto otimista | 120 |
| 9 Grandes mudanças acontecem em pequenas doses | 125 |
| 10 Quinhentos milhões de dólares | 148 |
| 11 A sabedoria das massas | 159 |
| 12 Você consegue lidar com a verdade | 166 |
| 13 A política de não fazer o dever de casa | 169 |
| 14 As novas regras | 180 |
| 15 Vinte e cinco dólares ajudam bastante | 197 |
| 16 Uma nova definição de capitalismo | 209 |
| 17 Algo novo | 220 |
| 18 A verdadeira promessa de uma sociedade conectada | 238 |
| Conclusão | 251 |
| Agradecimentos | 253 |

## *Introdução*
# UMA ENTIDADE GENIAL

Em 7 de outubro de 2003, uma "entidade blogueira sediada em Boston" chamada Genius Labs anunciou a sua aquisição pelo Google. O comunicado à imprensa foi recebido por vários meios de comunicação e logo a Genius Labs foi adicionada ao verbete da Wikipédia chamado "Lista de fusões e aquisições feitas pelo Google". Depois que algo entra na Wikipédia, costuma ser considerado verdadeiro. E, de certa forma, era mesmo. A Genius Labs era composta por uma entidade: eu. A história de como fui adquirido (leia-se contratado) pelo Google diz muito sobre o meu caminho no mundo.

Um ano antes disso, o futuro não parecia assim tão promissor para esta entidade que sou eu. A primeira startup da qual

## UM PASSARINHO ME CONTOU

participei, um site chamado Xanga, que começou comigo, um grupo de amigos e a ideia não muito refinada de "fundar uma empresa de internet", não foi o que eu esperava. Cansado de estar sem dinheiro em Nova York (de todas as cidades para estar sem grana, esta é sem dúvida uma das piores), desisti. Então minha namorada Livia e eu voltamos para a cidade onde nasci, Wellesley, em Massachusetts, trazendo a reboque dezenas de milhares de dólares em dívidas de cartão de crédito. Fomos morar no porão da casa da minha mãe. Eu estava desempregado. Tentei vender uma cópia antiga do Photoshop no eBay (o que provavelmente é ilegal), mas ninguém comprou. A certa altura, até pedi o emprego de volta na startup, mas meus ex-colegas me rejeitaram.

O único aspecto positivo da minha suposta vida profissional era escrever em blogs. Na startup, nós havíamos usado um software de uma empresa chamada Pyra, e acabei me interessando pelo trabalho do cofundador dela, um cara chamado Evan Williams. Comecei a escrever meu blog e a seguir o blog do Evan e, em 1999, eu estava entre os primeiros a testar o novo produto lançado pela Pyra: uma ferramenta para blogs chamada Blogger. Para mim, bem como para muita gente, os blogs foram uma epifania, e até mesmo uma revolução: a democratização da informação numa escala totalmente nova.

A Xanga era uma comunidade de blogs, mas como saí da empresa, tive um papel secundário naquela revolução, pois estava sem grana e sem rumo no porão da minha mãe. Mas o blog pessoal era outra história. Era meu alter ego. Repleto de uma confiança quase alucinógena, meu blog era uma criação

## INTRODUÇÃO

ficcional. Tudo começou com o título, inspirado num antigo desenho do *Pernalonga* estrelado pelo Willy Coiote. Numa cena, o ultrarrefinado coiote diz: "Permita que eu me apresente" e em seguida faz uma mesura e entrega um cartão de visitas ao Pernalonga, onde se lê: "WILLY COIOTE, GÊNIO." Ao se anunciar como gênio no cartão de visita, Willy representa a epítome do espírito empreendedor do Vale do Silício. Quando você está formando uma empresa, às vezes não tem nada além de uma ideia. Às vezes nem isso, apenas a suprema confiança de que um dia a ideia virá. É preciso começar de algum lugar, então você se declara um empreendedor, exatamente como o Willy Coiote se declarou gênio. Aí é só fazer o cartão de visita e se atribuir o título de "FUNDADOR E CEO".

Eu não tinha uma empresa... ainda. Mas, à moda do Willy, batizei meu blog de *Biz Stone, Genius* (Biz Stone, Gênio). Mandei fazer cartões de visitas com o mesmo título e fazia questão de interpretar o personagem nos posts. Genius Biz alegava estar construindo invenções com recursos infinitos e uma equipe de cientistas de alto nível em sua sede, naturalmente chamada de Genius Labs (Laboratório Genial).

Um dos meus posts de julho de 2002 dizia: "O protótipo do superjato japonês que deveria ser capaz de voar duas vezes mais rápido que o Concorde caiu durante o voo de teste... Eu posso ter que assinar uma papelada que vai disparar milhões para estimular o desenvolvimento do transporte aéreo híbrido."

Biz da Vida Real não estava investindo em transporte aéreo híbrido. Mas conseguiu arrumar um emprego como "especialista em web" na Faculdade de Wellesley. Livia também arranjou um emprego, e alugamos um lugar perto do campus de modo que eu pudesse ir a pé para o trabalho. Não chegava a ser um apartamento, era na verdade o sótão de uma casa, mas ao menos não era o porão da minha mãe.

Enquanto isso, meu alter ego Genius Biz continuava a exalar confiança, ganhando uma quantidade cada vez maior de seguidores. Ele era o Buddy Love do meu Professor Kelp. Mas enquanto eu continuava com essa farsa, algo começou a acontecer. Meus posts não eram mais apenas malucos. Alguns dos pensamentos não eram de um cientista louco, eram meus. Enquanto continuava a escrever sobre a web e a pensar em como ela poderia evoluir, comecei a ter ideias que acabaria incorporando ao meu trabalho. Em setembro de 2003, postei:

Meu leitor de RSS está configurado para 255 caracteres. Será que 255 é um novo padrão para os blogs? (...) Parece limitador, mas se as pessoas vão ler vários blogs por dia em iPods e celulares, talvez seja um bom padrão.

Mal sabia eu que ideias como essa, que pareciam sem importância na época, um dia mudariam o mundo. E digo isso com toda a humilde e contenção de alguém que se considera gênio.

O Google adquiriu a empresa de Evan Williams, o Blogger, no início de 2003. Nos quatro anos em que os blogs evoluíram de passatempo de meia dúzia de nerds para uma palavra usada no dia a dia, Ev e eu jamais nos encontramos ou falamos ao telefone. Mas, nesse meio tempo, eu o havia entrevistado

## INTRODUÇÃO

para uma revista on-line chamada *Web Review* e ainda tinha o e-mail dele. E agora já me sentia confiante o suficiente para contatá-lo. Mandei um e-mail dando os parabéns pela aquisição e dizendo: "Sempre me considerei o sétimo integrante que falta em sua equipe. Se você algum dia pensar em contratar mais alguém, avise."

Acaba que Ev também estava seguindo o meu blog e eu nem sabia. No mundo da tecnologia, isso fazia com que fôssemos praticamente irmãos de sangue. Embora ele estivesse cercado por alguns dos melhores engenheiros do mundo, precisava de alguém que realmente entendesse as mídias sociais, alguém que visse que elas eram uma questão humana, não apenas de tecnologia, e achou que eu era o cara certo.

Ele respondeu na mesma hora: "Você quer trabalhar aqui?"

Respondi: "Claro" e achei que estava tudo certo. Tinha conseguido um emprego novo do outro lado do país. Moleza.

Na época eu não sabia, mas Evan teve que mexer os pauzinhos nos bastidores para me contratar. Na verdade, estava mais para tábuas. Ou toras de madeira, daquelas que servem para construir pontes. O Google tinha fama de contratar apenas pessoas formadas em ciência da computação, de preferência com Ph.D. Eles certamente não queriam gente que largou a faculdade, como eu. Por fim, os chefões do Google relutaram, mas aceitaram que Wayne Rosing, então vice-presidente sênior de engenharia, falasse comigo ao telefone.

No dia em que recebi a ligação, estava sentado no meu apartamento de sótão encarando o telefone branco da Radio Shack que tinha desde criança. Ele era de fio, praticamente uma peça de colecionador. Eu nunca havia feito uma entrevista de emprego, e ninguém me preparou para isto. Embora

## UM PASSARINHO ME CONTOU

eu ingenuamente tivesse deduzido que já estava empregado, pelo menos entendia que falar com Wayne Rosing era muito importante para alguém na minha posição. Eu estava nervoso, com medo de estragar tudo, e com razão. Alguns dias antes, uma mulher do departamento de recursos humanos havia me ligado e fiz algumas piadas. Quando ela perguntou se eu tinha curso superior, falei que não, mas tinha visto um comercial de TV dizendo onde conseguir um. Ela não riu. Obviamente os meus instintos nessa área não eram confiáveis. O Biz da Vida Real estava tomado pela insegurança.

O telefone tocou e, quando levantei para atender, algo me ocorreu. Naquele instante decidi abandonar todo o fracasso e desesperança que estavam em mim e incorporar completamente meu alter ego: o cara que comandava a Genius Labs. Genius Biz estava na área.

Wayne começou perguntando sobre a minha experiência. Ele deve ter falado com a mulher do RH, pois a primeira pergunta foi por que eu não tinha terminado a faculdade. Confiante, expliquei que tinham me oferecido um emprego de designer de capas de livro, com a oportunidade de trabalhar diretamente com um diretor de arte, e considerei isso um emprego de aprendiz. À medida que a entrevista continuava, eu reconheci que a minha startup havia sido um fracasso (pelo menos para mim), mas disse ter saído do projeto porque a cultura da empresa não estava de acordo com a minha personalidade. No Vale do Silício, a experiência de ter fracassado numa startup tinha o seu valor. Também falei sobre um livro que tinha escrito sobre blogs.

Aí, no meio das perguntas, eu disse:

## INTRODUÇÃO

— Ei, Wayne, onde você mora? — Isso o surpreendeu. Acho que pareceu meio assustador.

— Por que você quer saber onde eu moro?

— Se eu decidir aceitar este emprego, vou precisar escolher um bom local para morar — respondi.

*Se eu decidir aceitar este emprego.* Nem sabia que estava sendo audacioso, mas de alguma forma deu certo. Consegui o emprego. Ia entrar para o Google. Evan me convidou à Califórnia para conhecer a equipe. Com seus recursos aparentemente ilimitados, cientistas e projetos secretos, o Google era o lugar real mais parecido com a Genius Labs que eu tinha imaginado.

---

Alguns anos depois, Ev e eu sairíamos do Google para abrir uma empresa juntos. Eu tinha entrado antes da abertura de capital e com isso deixaria uma série de ações valiosas para trás. Mas a minha mudança para o Vale do Silício não era para ter um trabalho confortável e sim para assumir um risco, imaginar um novo futuro e me reinventar. Minha primeira startup tinha fracassado, mas a seguinte foi o Twitter.

---

Este livro é mais do que a história de um cara que saiu da pobreza e enriqueceu. É uma história sobre criar algo do nada, unir suas habilidades às ambições e o que você aprende quando olha para o mundo através da lente das possibilidades infinitas. O trabalho árduo puro e simples é bom e importante, mas são

UM PASSARINHO ME CONTOU

as ideias que nos movem como indivíduos, empresas, nações e comunidade global. A criatividade é o que nos faz inigualáveis, inspirados e realizados. Este livro fala de explorar e canalizar a criatividade que está em todos e ao nosso redor.

Eu não sou um gênio, mas sempre tive fé em mim mesmo e, mais importante, na humanidade. A maior habilidade que possuí e desenvolvi ao longo do tempo foi a capacidade de ouvir as pessoas: os nerds do Google, os usuários insatisfeitos do Twitter, meus respeitados colegas e, sempre, a minha adorada esposa. O que isso me ensinou no percurso de fundar e liderar o Twitter por mais de cinco anos, e durante o meu período em startups antes disso, foi que a tecnologia que parece mudar a nossa vida, em sua essência, não é um milagre da imaginação ou da engenharia. Não importa quantas máquinas acrescentemos à rede ou quanto mais sofisticados fiquem os algoritmos, o que operei e testemunhei no Twitter era e continua a ser o triunfo não da tecnologia, mas da humanidade. Vi que existem pessoas boas por toda a parte. Percebi que uma empresa pode criar um negócio, fazer o bem na sociedade e se divertir. Esses três objetivos podem caminhar lado a lado e não serem dominados pelo lucro. As pessoas podem fazer coisas incríveis com as ferramentas certas. Podemos mudar a nossa vida. Podemos mudar o mundo.

As histórias pessoais deste livro, que vêm da minha infância, carreira e vida, são sobre oportunidade, criatividade, fracasso, empatia, altruísmo, vulnerabilidade, ambição, ignorância, conhecimento, relacionamentos, respeito, o que aprendi pelo caminho e como passei a enxergar a humanidade. O discernimento que ganhei com estas experiências me deu uma perspectiva singular sobre os negócios, a definição

## INTRODUÇÃO

de sucesso no século XXI, a felicidade e a condição humana. Pode parecer bem ambicioso, mas quando estamos dando um tempo no desenvolvimento do transporte aéreo híbrido, miramos bem alto aqui na Genius Labs. Eu não finjo saber todas as respostas. Na verdade, apague isso: posso, sim, fingir saber todas as respostas. Afinal, de que melhor forma se pode ver as perguntas mais de perto?

# 1

## O QUÃO DIFÍCIL PODE SER?

Então, em apenas uma ligação telefônica, o Genius Biz conseguiu um emprego no Google pré-abertura de capital. Ou pelo menos foi o que ele pensou.

Depois da conversa com Wayne Rosing, achei que era só dirigir até a Califórnia e começar a minha nova vida. Tanto que meus futuros empregadores me pediram para ir até a sede do Google em Mountain View para conhecê-los pessoalmente e acertar os últimos detalhes.

A esta altura, Evan Williams era o meu protetor. Sem nunca ter me visto na vida, ele pressionou o Google a me contratar e agora iria me buscar no aeroporto para, de lá, irmos

# UM PASSARINHO ME CONTOU

ao meu novo local de trabalho. Eu não fazia ideia do papel que Evan teria na minha vida e de que um dia nós iríamos juntos criar o Twitter. Naquele momento, eu só estava grato pela carona.

Cheguei ao aeroporto de São Francisco num voo bem cedo e quando entrei no Subaru amarelo de Evan, o braço direito dele no Blogger, Jason Goldman, estava no banco do carona. Fui para o banco de trás e, no caminho para o Google, comecei a fazer piadas sobre a minha viagem de avião. Como era do meu feitio, provavelmente fiz alguns comentários inadequados, porque me lembro de Evan e Jason rindo e dizendo: "Acabamos de conhecer este cara há cinco segundos e a conversa já está *neste nível?*". Eu tendo a ser assertivo demais no primeiro contato, mas pude ver que eles eram agradáveis e casuais, então criamos uma bela afinidade. Não fiquei surpreso. Afinal, era leitor do blog do Evan há muitos anos e sabia que ele era uma pessoa atenciosa. Ele estava de jeans, camiseta e óculos escuros. Era magro, tinha um grande sorriso e dirigia igual a um maluco. Já Goldman tem uma risada memorável, que geralmente fica aguda no final.

Porque o Google ainda não tinha aberto o seu capital, ainda era uma startup e já existia há vários anos, era considerada uma empresa de sucesso. Ainda não existia o Googleplex, era apenas um bando de gente trabalhando em prédios de estuque alugados.

Além de mostrar o local, Evan me apresentou à equipe do Blogger. Após fazer a ronda no escritório, passamos rapidamente por uma festa em Mountain View, depois fomos de carro a São Francisco para jantar num restaurante italiano no Marina District com a namorada e a mãe dele, que estava na cidade.

## O QUÃO DIFÍCIL PODE SER?

Depois do jantar e de muito vinho, eu estava pronto para voltar ao hotel, pois teria mais reuniões no Google no dia seguinte e ainda estava no fuso horário da Costa Leste, mas Evan tinha outros planos.

— Vamos ao Mission! Vou te mostrar alguns dos meus bares favoritos.

Evan, a namorada e eu continuamos a farra num bar chamado Doc's Clock. Pedi um uísque sem gelo e o barman me serviu um copo cheio, daqueles de suco.

— Uau — comentei, maravilhado com a quantidade.

— Aqui é bem servido — explicou Ev.

Quando saímos, à 1h40 da manhã, tínhamos bebido um bocado. Ev, que estava embriagado, inclinou-se na cadeira, abriu bem os braços e disse:

— Biz, tudo isso pode ser seu.

Ocupávamos uma mesa no fundo do bar, e eu estava sentado de costas para a parede. Daquele ponto eu via o bar inteiro, que era apenas um local mal-iluminado e frequentado por hipsters.

— Sério? — respondi em tom sarcástico — Isto?

Evan abaixou a cabeça na mesa. Encerramos a noite ali.

———

No dia seguinte, tive várias reuniões com diversos executivos do Google. Ficou imediatamente claro que estas "reuniões" eram na verdade entrevistas. Acaba que o emprego que pensei ter conseguido ainda não era meu. Fui jogado no meio do processo de contratação do Google, famoso pelo alto nível de exigência.

## UM PASSARINHO ME CONTOU

Mas o que me fez seguir adiante, juro, foi a certeza de que o emprego era meu. Encarnar a persona do Genius Lab não era a única estratégia que eu tinha na manga.

Antes de receber a ligação do Wayne Rosing, eu nunca tinha me candidatado a um emprego de verdade. Não fazia ideia de como funcionava uma entrevista, pessoalmente ou por telefone. Mas, como já disse, eu tinha algo a meu favor: bastante autoconfiança e a cara de pau do Biz Stone, Gênio.

Mesmo assim, você até pode imprimir essa frase num cartão de visita e digitá-la num site, mas não consegue tirar a atitude do nada. Então eu fiz algo antes da entrevista telefônica que me ajudou a invocar o Genius Biz. Foi assim: nos dias que precederam aquela ligação, peguei a ideia de trabalhar na equipe do Blogger no Google e a deixei rolando na cabeça. Na época, eu gostava de dar uma corrida lenta do meu apartamento, que ficava praticamente dentro no campus da Wellesley College, até o Lago Waban, que tinha uma trilha ao seu redor de mais ou menos três quilômetros. Enquanto corria eu me imaginava num escritório estranho em algum lugar perto de São Francisco, com um bando de caras desconhecidos, fazendo o trabalho que desejava.

O Google era formado em sua maior parte por Ph.D.s em ciência da computação. Eles eram muito talentosos na criação de softwares. O papel que eu visualizava para mim era humanizar o Blogger. Eu tomaria controle da página inicial, o blog oficial da empresa, e transformaria a área de Ajuda num produto chamado "Blogger Knowledge" (Conhecimento sobre o Blogger), que serviria para destacar as características do serviço. Eu daria uma voz e uma marca ao Blogger. (Embora não soubesse

## O QUÃO DIFÍCIL PODE SER?

na época, eu acabaria fazendo exatamente o mesmo trabalho em todas as empresas onde entrei: personificar e comunicar o espírito do que estávamos criando.)

Este é um exercício útil para qualquer problema ou ideia. Visualize o que você quer ver acontecendo nos próximos dois anos. O que seria? *Quero ter meu estúdio de design. Quero entrar numa startup. Quero fazer um vídeo de gato que se torne viral no YouTube.* (Sonhar alto não faz mal.) Enquanto estiver fazendo exercícios físicos ou saindo para uma caminhada, deixe esse conceito ficar na cabeça. Não pense em nada específico, o objetivo não é resolver. Se você pegar uma ideia e ficar com ela na cabeça, inconscientemente vai começar a fazer algo que o levará àquele objetivo. Meio que funciona. Funcionou para mim.

Agora eu estava naqueles escritórios que havia imaginado. Eles eram muito diferentes da minha fantasia. Eu esperava... Sei lá, talvez um Googleplex, mas em vez disso, encontrei um monte de edifícios genéricos. O Blogger era no prédio número $\pi$, mas eu já estava trabalhando no Blogger na minha imaginação há pelo menos uma semana. Além disso, era difícil ficar intimidado quando ninguém parecia entender o emprego para o qual estavam me entrevistando. Tudo fazia sentido para mim e para o Evan, mas o departamento de recursos humanos do Google estava um pouco desnorteado com as atribuições do meu cargo. Quando eu explicava que iria acrescentar humanidade ao produto, só parecia confundi-los ainda mais. Nas entrevistas, a equipe do Google era conhecida por fazer engenheiros resolverem problemas difíceis de programação num quadro branco. Eles não faziam ideia do que me perguntar. Meus hobbies? Para completar a confusão geral destas entrevistas, Evan e eu tínhamos voltado do bar às 3 ou 4 horas da manhã.

Na primeira reunião, quando uma mulher disse: "Obrigada por vir. Você gostaria de alguma coisa?" Eu respondi: "Sim. Você teria uma aspirina?" Tenho certeza de que na lista do que não se deve fazer em entrevistas de emprego, expor sua ressaca deve ficar nos primeiros lugares.

Um dos homens que me entrevistou fez a seguinte pergunta:

— Você sabe por que o Google comprou o Blogger?

Ele estava sinceramente curioso. Àquela altura, o Google havia comprado o repositório de discussões da Usenet chamado Deja.com, mas esta era a primeira aquisição real de uma empresa com funcionários. Minha resposta foi simples, ainda que não necessariamente correta. Eu disse:

— Bom, é a outra metade da Busca. O Google busca páginas na web. O Blogger faz páginas da web. Isso te dá mais para buscar.

Na quinta entrevista, perguntei a um cara:

— Você sabe por que está me entrevistando?

— Não. Eu comecei a trabalhar aqui há dois dias.

Tenho certeza de que na lista do que não se deve fazer em entrevistas de emprego, este tipo de afirmação também fica entre os primeiros lugares. Talvez isso significasse que estávamos no lugar certo.

Independentemente disso, depois de tudo terminado, o emprego que nunca havia sido meu finalmente passou a ser.

## O QUÃO DIFÍCIL PODE SER?

Com muita ajuda do Evan, eu tinha fabricado esta oportunidade sem ter nem curso superior (que dirá pós-graduação!), sem subir na hierarquia da empresa e com um ou dois fracassos nas costas. Eu não era uma carta certa; eu não era nada, mas tinha experiência numa área específica: criar as minhas próprias oportunidades.

---

Descobri logo cedo que era melhor criar o meu próprio destino. Quando criança, eu passava muito tempo brincando sozinho no quintal, mas uma das atividades que mais gostava de fazer era descer ao porão e "inventar coisas". Meu avô construiu telefones para a American Telephone and Telegraph em Boston de 1925 a 1965. Ele morreu antes de eu nascer, mas minha mãe nunca se desfez de seu material de trabalho. Em nosso porão estavam a bancada dele, todas as ferramentas e uma imensa coleção, como a de um boticário, de várias molas, rodas dentadas, fios e similares: tudo o que meu avô havia usado para fabricar e consertar telefones. Eu descia lá e fingia estar inventando dispositivos incríveis no meu laboratório secreto e subterrâneo.

A melhor amiga da minha mãe, Kathy, tinha um marido, Bob, que era eletricista. Até onde me dizia respeito, o porão dele era outro laboratório, e de verdade. Sempre que íamos à casa deles, eu entrava e logo dizia: "Bob, vamos inventar umas coisas no laboratório. Tenho algumas ideias". Eu me lembro nitidamente de ter o pensamento revelador que eu poderia criar um dispositivo que me permitisse respirar embaixo d'água com duas garrafas vazias de refrigerante e algumas mangueiras.

## UM PASSARINHO ME CONTOU

Quando contei a ideia para o Bob, ele respondeu: "Você quer dizer SCUBA?" (sigla em inglês para Self-Contained Underwater Breathing Apparatus – Aparato Independente para Respiração Subaquática).

Comentei que precisaríamos pensar mais no nome e insisti que começássemos a trabalhar. Ele diplomaticamente explicou que precisaríamos de um compressor de ar e outras coisas que não possuía, sugerindo então que construíssemos uma luz alimentada por bateria numa lata de café de cabeça para baixo. Isto não iria permitir que eu respirasse embaixo d'água, mas se tinha baterias e fios, eu topava. Em outra ocasião, quis inventar um dispositivo voador, mas acabamos ligando um alto-falante a uma bateria. Passamos tiras de cobre achatadas por um tapete plástico e as conectamos ao alto-falante de modo que, quando você pisasse no tapete, ativava o alto-falante e emitia um barulho horrível. Levei a geringonça para casa e a coloquei embaixo do tapete ao lado da minha cama. Naquela noite, fui deitar e gritei:

— Mãe, você esqueceu de me dar um beijo de boa-noite!

— Ah, que gracinha! — comentou ela.

Então entrou no quarto, pisou no tapete, ativou o alarme e quase teve um ataque cardíaco.

— Minha invenção funcionou! — comemorei.

Talvez para canalizar esta energia, minha mãe me alistou nos Boy Rangers. Não eram escoteiros, nem lobinhos: era um grupo desconhecido, uma espécie de Betamax dos grupos de escotismo. Não só eu não queria fazer parte dos Boy Rangers, como toda semana eu tinha que trazer "contas" para o programa. Sim, *eu tinha que pagar*. Além disso, meus pais se divorciaram quando eu ainda engatinhava e meu pai

## O QUÃO DIFÍCIL PODE SER?

morava a algumas cidades de distância, mas poderia muito bem morar em Istambul. Meus pais eram como água e óleo, por isso quase não víamos o meu pai. Acontece que o Boy Rangers era uma atividade de pai e filho. A cada semana, todos os outros garotos estavam lá com os pais e eu ia sozinho. Se houvesse medalha por "jogar sal na ferida," eles ganhariam sem o menor esforço.

De qualquer forma, os Boy Rangers eram inspirados nas tribos dos nativos americanos. Para avançar de Cara-Pálida até Bravo Guerreiro Mirim, quem sabe chegando a Hi-Pa-Nac (que parece remédio anticolesterol, mas na verdade é um cargo de chefia), tínhamos que fazer nossos próprios cocares de penas, aprender a dar nós e memorizar slogans de várias tribos. Sabe como é, coisa de garotos descolados. Fui obrigado a ficar nos Boy Rangers dos seis aos dez anos, aquela fase fundamental em que a maioria dos garotos estava em escolinhas de beisebol, futebol e todos os outros esportes. Não me dediquei muito a dominar as habilidades exigidas pelos Boy Rangers, mas os líderes sempre davam os emblemas para todo mundo mesmo assim. Os outros garotos tinham os emblemas costurados nas camisas cáqui, enquanto minha mãe prendia os meus com alfinetes de segurança.

Como mãe solteira que luta para criar os filhos, a coisa mais importante que ela fez por mim, pela minha irmã Mandy e pelas duas meias-irmãs Sofia e Samantha, foi nos manter em Wellesley, onde ela havia crescido. A cidade ficara muito rica e o sistema de escolas públicas era um dos melhores do país. Minha mãe tinha estudado nas escolas de Wellesley e adorado, por isso estava determinada que nós tivéssemos as mesmas boas experiências.

## UM PASSARINHO ME CONTOU

Ao meu ver, todos os meus amigos eram ricos. Eles pareciam supor que eu também vinha de família rica, mas em vários momentos nós dependemos de auxílio do Estado. Ainda me lembro das fatias gigantescas do queijo dado pelo governo. Eu estava num programa de merenda escolar para famílias de baixa renda, o que era bom porque significava que eu não precisava de dinheiro para lanchar no recreio, mas era ruim pela forma como funcionava. Para comprar a merenda, a maioria dos estudantes retirava tíquetes de lanche, que eram verdes. Para pegar os meus tíquetes, eu precisava ir até um escritório especial uma vez por semana, onde recebia cinco tíquetes de lanche cinza. Quando as outras crianças perguntavam por que os meus eram cinza, eu fazia piada com os tíquetes verdes deles. Acho que comecei a desenvolver um senso de humor e uma certa atitude para lidar com as óbvias diferenças de estilo de vida. Até a caixa de Achados e Perdidos eu atacava para procurar camisas polo Ralph Lauren e usar algo diferente do mesmo jeans e camiseta de sempre. A maioria das minhas meias e cuecas era considerada "fora do padrão". Minha mãe fez o que pôde e conseguiu nos manter em Wellesley, num sistema escolar que por acaso era receptivo ao meu tipo específico de criatividade.

Quando finalmente entrei no ensino médio, todos os meus amigos eram nerds. Mas aprendi na televisão e nos filmes que uma boa forma de expandir o meu círculo social seria fazer algum esporte de equipe. Eu era naturalmente atlético e, com todos os anos passados nos Boy Rangers, era muito bom em dar nós simples e nós de catau, mas nunca havia experimentado um esporte coletivo. A quadra de basquete tinha essas linhas doidas desenhadas no chão, e todos os outros garotos pareciam saber onde você podia ficar e por quanto tempo. Eu ficava lá,

## O QUÃO DIFÍCIL PODE SER?

parado. Já os testes de futebol americano tinham aquele monte de regras. Como funcionava? Quantas chances nós tínhamos? E como saber de que lado do campo eu deveria ficar? Estava confuso e nervoso, o que me deixava ainda mais confuso. Antes dos testes de beisebol, fui esperto e fiz um pouco de pesquisa, mas era impossível compensar todo o tempo perdido. Nesta situação, a técnica de visualização que usei para conseguir o trabalho no Blogger não teria dado certo. Mesmo se conhecesse a estratégia na época, eu teria me visualizado fazendo mil *home runs* e depois ficaria apenas observando enquanto todos os outros garotos conseguiam a proeza. Não surpreende que eu não tenha sido escolhido para nenhum dos esportes coletivos. Foi quando decidi resolver o problema sozinho.

Bastou um pouco de investigação para descobrir um esporte que a minha escola de ensino médio não oferecia naquela época: o lacrosse. Se nenhum dos outros garotos tinha qualquer experiência jogando lacrosse, então todos ficariam tão confusos quanto eu. Logo, todos teriam as mesmas chances. Então perguntei à administração da escola se poderíamos montar uma equipe de lacrosse, caso eu encontrasse um técnico e juntasse uma quantidade suficiente de meninos. A resposta foi sim. Então foi o que fiz. Depois de toda a aparente incapacidade, acabei virando um jogador decente de lacrosse, fui eleito capitão e formamos uma equipe bastante boa (embora eu ainda preferisse a companhia dos nerds à dos atletas).

A determinação que me levou a criar uma nova equipe esportiva me ensinou uma lição importante: oportunidades são fabricadas.

Meu dicionário define *oportunidade* como um conjunto de circunstâncias que permite fazer algo. O mundo nos

## UM PASSARINHO ME CONTOU

condicionou a esperar pela oportunidade, ter o bom senso de detectá-la e torcer para agir no momento adequado. Mas se a oportunidade é apenas um conjunto de circunstâncias, por que esperamos até as estrelas se alinharem? Em vez de esperar e agir, tendo uma grande probabilidade de fracassar, você pode muito bem ir adiante e criar o conjunto de circunstâncias sozinho. Se criar a oportunidade, será o primeiro em condições de se aproveitar dela.

Só mais tarde eu percebi que essa é a essência do empreendedorismo: ser a pessoa que faz algo acontecer para si. Mas isso também vale para todas as formas de sucesso, em todos os aspectos da vida. Dizem que o sucesso é uma mistura de trabalho e sorte, e que nesta equação a sorte é o lado que está fora do seu controle. Mas quando se cria as oportunidades, as chances de se ganhar na loteria aumentam muito.

No ensino médio aprendi o quanto era gratificante criar as minhas oportunidades e imaginei que conseguiria fazer o mesmo na faculdade. Eu me formei no colégio em 1992 e consegui algumas bolsas locais para pagar o primeiro ano de faculdade na Northeastern University. Sabendo que o subsídio acabaria, consegui uma bolsa integral por excelência em artes, que me levou à Universidade de Massachusetts, em Boston.

Mas a faculdade acabou não sendo tudo o que eu imaginava. Todos os dias, eu levava uma hora no trajeto entre a casa da minha mãe e o campus da UMass, um labirinto de concreto que, segundo boatos, havia sido projetado por construtores especializados em prisões. Uma das primeiras atividades que queria

## O QUÃO DIFÍCIL PODE SER?

realizar lá era produzir *The White Rose* (*A Rosa Branca*), uma peça baseada num dos primeiros movimentos antinazistas da Alemanha. Mas a chefe do departamento de teatro disse que a minha única opção era frequentar as aulas e participar da peça que ela escolhesse. Humm. Não era isso que eu tinha em mente.

Nas horas vagas, arrumei um emprego carregando caixas pesadas numa velha mansão em Beacon Hill para a editora Little, Brown and Company. Eu levava as caixas de livros do sótão da casa para o saguão. Era o meio da década de 1990 e o departamento de arte da editora estava mudando da pistola de cola quente para o Photoshop. Eles tinham até uma velha Photostat que ficava numa salinha escura. Era uma máquina imensa e cara que fazia o mesmo trabalho de um scanner de 99 dólares. Eu sabia me virar com um Mac, e criar capas de livro parecia divertido. Então, um dia, quando todo o departamento de arte saiu para almoçar, fucei o escritório até encontrar a ficha de um livro que continha o título, subtítulo, autor e um breve resumo do que o departamento editorial queria na capa. O livro era *Midnight Riders: The Story of the Allman Brothers Band*, de Scott Freeman. Usando um dos computadores, criei uma capa para ele. Num fundo escuro, coloquei "Midnight Riders" em fonte verde e grande. Depois achei uma foto da banda, também muito escura, que ficou boa abaixo do título. Quando terminei, imprimi, guardei num envelope e coloquei junto aos outros projetos de capa que seriam enviados para aprovação dos departamentos editorial e de venda em Nova York. Depois voltei a carregar caixas.

Após dois dias, quando o diretor de arte voltou da apresentação das capas em Nova York, perguntou: "Quem fez o design dessa capa?". Falei que tinha sido eu. Ele comentou: "Você?

## UM PASSARINHO ME CONTOU

O garoto das caixas?". Expliquei que conhecia computadores e estava fazendo faculdade com uma bolsa voltada para artes. Ele me ofereceu na hora um emprego em tempo integral como designer. O escritório de Nova York havia escolhido a minha capa para usar no livro. Parando para pensar, ela não era muito boa, mas eles a escolheram.

Recebi a oferta de um trabalho honesto em tempo integral. Deveria aceitar? A faculdade até agora tinha sido uma decepção (minha experiência lá me faz lembrar da frase holandesa citada por um empreendedor que visitei em Amsterdã: "Quem fica de pé tem a cabeça cortada"). E aqui estava eu recebendo a oportunidade de trabalhar diretamente com o diretor de arte, que acabaria sendo um mentor. Eu pensava que as pessoas entravam na faculdade de modo a se qualificar para um emprego como este que estavam me oferecendo. Basicamente, estava pulando três anos. Além disso, eu aprenderia mais aqui, fazendo o que desejava, do que navegando anonimamente pela faculdade. Então larguei a faculdade para trabalhar na Little, Brown, uma das melhores decisões da minha vida.

Não estou defendendo o abandono do ensino superior. Eu poderia ter entrado na faculdade com mais foco ou tentado mudar a experiência que tive enquanto estava lá. Mas aceitar um emprego que conquistei pela minha iniciativa era outra forma de controlar o destino. Para mim, este foi um exemplo de como fabricar a oportunidade.

É por isso que formar uma equipe de lacrosse, produzir uma peça, montar a própria empresa ou construir ativamente a empresa para a qual você trabalha é mais satisfatório criativamente e talvez até mais lucrativo do que apenas fazer o que se espera de você. Acreditar em si mesmo, no seu gênio interior, significa

## O QUÃO DIFÍCIL PODE SER?

confiar nas suas ideias *antes mesmo que elas existam*. Para ter uma visão sobre um negócio ou do seu próprio potencial, é preciso alocar espaço para esta visão. *Quero participar de um esporte coletivo. Não entrei em equipe alguma. Como posso conciliar essas verdades? Não gosto do meu trabalho, mas adoro este pedacinho dele, então como posso fazer isso em vez do que faço agora?* As verdadeiras oportunidades do mundo não estão nos quadros de vagas disponíveis, nem pipocam na sua caixa de entrada com o assunto "Grande oportunidade que pode ser sua". Inventar seu próprio sonho é o primeiro e o maior passo para realizá-lo. Depois que você percebe essa simples verdade, um novo mundo se descortina na sua frente.

Esse modus operandi foi o que me levou ao Google em 2003.

---

Entrei para o Google, mas o Biz da Vida Real ainda estava resolvendo os detalhes. A Genius Lab era uma entidade inexistente, Livia e eu ainda tínhamos dezenas de milhares de dólares em dívidas no cartão de crédito, meu carro não estava em condições de atravessar o país e eu estava prestes a aceitar uma oportunidade que criei com base em nada além de uma mistura singular de confiança e desespero.

Queria um carro maior, um Toyota Matrix, para a viagem da mudança que atravessaria o país, então fui a uma concessionária trocar o antigo Corolla e disse ao vendedor:

— Tenho este Corolla, mas não tenho dinheiro. Posso te dar o carro e pagar o resto parcelado?

Ele respondeu:

— Com uma entrada de cinco mil dólares...

Eu o interrompi:

— Mas eu realmente estou sem grana. Sem dinheiro. Nada. Zero.

O vendedor continuou:

— Com uma entrada de dois mil dólares...

Interrompi educadamente de novo:

— Se tivesse algum dinheiro, eu daria uma entrada, mas não é o caso. Não tenho dinheiro, nem acesso a ele, e meus cartões de crédito estão totalmente estourados.

Então o vendedor aceitou o Corolla e me deu um financiamento que até ele admitiu ser horrível. Hora de outra visualização.

Pensei: *Um brinde para o eu do futuro, que vai pagar por tudo isso.*

# 2

## CADA DIA É UM NOVO DIA

Recursos renováveis são exatamente o que parecem: recursos que são repostos pela natureza. Eles são inesgotáveis. Apesar de as reservas do planeta estarem se esgotando, você já não se sente melhor só de pensar nos recursos renováveis? A ideia de recomposição dá um alívio tão grande... *Tem mais de onde veio isso. Não vamos ficar sem. Esta vida que estamos tentando viver é sustentável.* Este é um conceito importante quando pensamos nos recursos do planeta, mas também se

## UM PASSARINHO ME CONTOU

aplica ao nosso trabalho e vida, tendo influenciado a minha decisão de sair do Google.

———

Trabalhei no Blogger dentro do Google por dois anos, e até a oferta pública inicial de ações, Livia e eu ainda estávamos afogados em dívidas. Nossa situação de vida passava longe do ideal. Na verdade, estava abaixo do medíocre. Antes da mudança para São Francisco, perguntamos a Evan e Jason onde deveríamos morar. A escolha mais óbvia era a região central de Mountain View, perto dos escritórios do Google, mas como Jason e Evan eram legítimos esnobes de São Francisco, recomendaram: "Você tem que morar no Mission, cara. Lá é 'o' lugar."

Dava para ver que o Mission não era para nós. O bairro estava naquela fase entre o destruído e promissor, o local para onde os hipsters tinham se mudado, mas ainda havia tiroteios à noite — provavelmente direcionados aos hipsters. Para pessoas como o Ev, que cresceram no Nebraska sonhando com a metrópole, era bacana ser rato de cidade, mas Livy havia crescido em Nova York nos anos 1970. Ela estava cansada de morar na cidade, queria ser um rato do campo. Mudar para outra cidade e escolher um bairro em transição, com direito a territórios disputados por gangues, seria jogar sal na ferida. Então nós lemos sobre um bairro realmente simpático que era vizinho do Mission: Potrero Hill. Pelas fotos que encontramos na internet, parecia ter uma rua fofa com uma deli à moda antiga, mercearia familiar, livraria de esquina e uma loja de empréstimo gerenciada por George Bailey, pelo que parecia.

## CADA DIA É UM NOVO DIA

Também procurando na internet, achei um loft de 140 metros quadrados para alugar em Potrero Hill por 1.300 dólares por mês. Caramba! Sempre quis morar num loft. E o apartamento era número 1A, então estaríamos no térreo — chega de subir até o sótão. Bastaria sair pela porta da frente já estaríamos na charmosa Potrero Hill.

Cruzando os dedos, liguei para o proprietário. Ainda estava disponível! Aluguei na hora. Ficamos muito felizes por estarmos indo para o oeste, com nosso loft bacana e de preço acessível à nossa espera.

O que não levamos em conta foi a parte do "hill" (colina) de Potrero Hill. O centro de Potrero Hill fica do lado norte na base da montanha. O apartamento recém-alugado, descobrimos ao chegar, era no lado sul. A única forma de ir de um lado a outro era subindo uma colina mais íngreme do que rampa de esqui. Adoro exercícios aeróbicos, mas não ia escalar aquela montanha sempre que desejasse comer um pãozinho superfaturado, pelo qual eu não estava podendo pagar.

Quanto ao prédio bacana que antecipávamos, ficava espremido entre dois conjuntos habitacionais com vista para a rodovia e uma graxaria, onde tenho certeza que usavam gaivotas para fazer cola ou algo parecido. Nossas janelas davam para um lixo industrial.

Além disso, o prédio tinha lofts de moradia/trabalho, e nosso vizinho de porta tinha uma banda. Adivinha qual instrumento ele tocava? Você chutou bateria? Muito bem! Ele tocava uma música louca altíssima a noite inteira e tinha como companheiro um pitbull que adorava latir.

Mas a gota d'água mesmo foi o erro que cometemos ao supor que o apartamento 1A ficasse no térreo. O edifício havia sido construído na lateral de um penhasco, portanto os números eram basicamente invertidos: a entrada ficava no nono andar e a numeração diminuía a partir daí. Nós tínhamos alugado uma caminhada de nove andares. Todo dia começava com a gente escalando nove lances de escadas de metal e degraus altos.

Todo dia de manhã eu ia para o emprego novo em Mountain View, uma bela cidade com lojas, cafés e uma feira semanal. Morar lá teria sido perfeito para nós. O aluguel teria sido ainda mais barato e eu poderia ir de bicicleta para o trabalho, mas não foi o que fizemos.

Livia e eu não tivemos mobília alguma por um ano e meio. A dívida do cartão de crédito era um buraco negro que consumia toda a nossa renda. E quando o Google deu mil dólares em dinheiro a todos os funcionários no Natal, eu parei na volta para casa e gastei irresponsavelmente a maior parte do bônus numa televisão. Colocamos a TV no chão e usamos a caixa dela como mesa de jantar. Fora isso, vivíamos precariamente. Trouxemos apenas os nossos gatos e o que mais coubesse no Toyota Matrix. Não havia espaço no carro e nem dinheiro para supérfluos como, digamos, uma cama. Nós dormíamos no andar de cima, no chão do quarto. Pelo menos tinha carpete.

No Google, quando correu a notícia de que eu estava dormindo no chão, alguns colegas fizeram uma vaquinha e levantaram oitocentos dólares para eu comprar uma cama. Foi um gesto incrivelmente gentil, que me deixou emocionado e grato. Porém, eu não tive escolha além de dar outro destino ao dinheiro e usá-lo para pagar as prestações obscenas do meu carro, que estavam atrasadas havia vários meses. Quanto ao resto da mobília, eu trouxe para casa dois pufes extravagantes e multicoloridos do Google. Nós nos sentamos

CADA DIA É UM NOVO DIA

nestes pufes e dormimos no carpete por mais de um ano até eu finalmente conseguir alguma grana do Google.

Entrei para o Blogger em setembro de 2003. Em 19 de agosto de 2004, o Google finalmente fez a aguardada oferta pública de ações. As opções de ações que recebi no meu pacote de benefícios só poderiam ser exercidas totalmente em quatro anos. Eu tinha o direito de comprá-las a dez centavos de dólar por ação. Quando o Google abriu o capital, eu trabalhava lá havia um ano e o valor por ação subiu rapidamente para mais de cem dólares. No ano seguinte, quase triplicou. A cada mês eu tinha permissão para exercer mais as minhas opções, então eu pegava o telefone e dava a ordem a um cara do outro lado: "Venda, por favor". Então desligava e dizia: "Livia, acabei de ganhar dez mil dólares". Aos poucos acabamos com a dívida do cartão de crédito.

Mas faltava algo. Algo que eu tinha aprendido a amar no meu primeiro emprego, aquele pelo qual larguei a faculdade, trabalhando para o diretor de arte na Little, Brown.

No primeiro dia oficial de trabalho como designer na Little, Brown, entrei no escritório do diretor de arte e ele acenou para que fosse até a sua mesa. Sem falar ou mexer o rosto, passou a mão esquerda por cima do braço direito e pegou um livro da estante. Como um Mestre Jedi, ele fez isto sem jamais tirar os olhos de mim. O livro escolhido era de amostras de cores da escala Pantone, e devia ser o correto, pois ele começou a folheá-lo. Fiquei em pé, observando em silêncio enquanto ele analisava lentamente páginas e páginas de cores. Por fim, o homem parou na seção dos marrons claros e beges, achou o que procurava e destacou a amostra do livro. Colocou-a em cima da mesa, pôs o dedo nela e, sem dizer uma palavra, deslizou o retalho cor de chocolate devagar na minha direção. Depois falou, seco:

— É assim que eu tomo o meu café.

*Ah, meu Deus. Eu larguei a faculdade para isto. Desisti de uma bolsa incrível e integral. E agora tenho que ir ao Dunkin' Donuts perguntar à moça se ela pode fazer o café...*

Em três segundos, todos esses pensamentos passaram pela minha cabeça. Enquanto eu tentava imaginar como reproduzir a exata cor da amostra na cafeteria mais próxima com a quantidade certa de creme, o diretor de arte caiu na gargalhada.

— Estou brincando! Que tipo de babaca você pensa que eu sou?

E assim começou o meu período como aprendiz de design gráfico, durante o qual fui apresentado a uma nova forma de pensar. O diretor em questão, Steve Snider, trabalhou ao meu lado por mais de dois anos.

O design de capas de livro ensina que existem infinitas abordagens para cada projeto. Havia vários fatores em jogo no design de uma capa. Primeiro, ela precisava satisfazer artisticamente a nós, os designers. Também tinha que agradar ao autor e ao departamento editorial, fazendo justiça ao conteúdo do livro. Tinha que ser atraente para os departamentos de vendas e marketing em termos de chamar a atenção, além de posicionar e promover o livro. Às vezes os designers ficavam frustrados quando o trabalho era recusado por algum destes departamentos. "Idiotas. Burros", resmungavam, andando irritados pelo escritório. "Este design é brilhante". E talvez fosse mesmo, mas os colegas dos departamentos de vendas e

## CADA DIA É UM NOVO DIA

editorial tinham experiência em suas funções, e aprendi com Steve a supor que as considerações deles eram legítimas.

Steve me contou sobre a ideia brilhante que teve uma vez para uma biografia do Ralph Lauren. Ele queria lançar seis capas diferentes, cada uma tendo cor uniforme ao estilo mauricinho, com o logotipo da marca Polo no canto superior esquerdo em tom contrastante. E só. A foto do Ralph Lauren poderia ficar na contracapa. Teria sido marcante, mas o editorial vetou. E foi isso. Steve ainda tinha orgulho da ideia, mas entendia que a opinião dele não era a palavra final.

Para o livro de Thomas Hine chamado *The Total Package* (*Pacote Completo* em tradução livre), que desconstruía o mundo das embalagens de produtos, eu peguei uma caixinha de papelão de pudim em pó, abri, descolei as partes e passei a ferro. A capa feita por mim imitava a caixa desconstruída, com as dobras e aquele pequeno arco-íris feito para testar as cores das tintas. Fiquei realmente orgulhoso do produto final, mas eles acabaram usando uma capa elegante em preto e branco com formas de produtos desenhadas. Minha capa não foi usada, mas o trabalho não ficou perdido. Eu o coloquei no meu portfólio. E ainda o acho bacana.

Steve me ensinou que ter uma capa recusada não era um problema, mas sim uma oportunidade. Meu trabalho não era apenas ser um artista, fazendo capas que me agradassem. O desafio era criar um design que eu amasse *e* que os departamentos editorial e de vendas achassem perfeito. Este era o verdadeiro objetivo. "Seus objetivos devem ser maiores do que o seu ego", Steve costumava dizer. Só quando conseguia agradar a todos os departamentos é que a capa seria realmente bem-sucedida.

## UM PASSARINHO ME CONTOU

Quando Steve e eu ficávamos empacados, tentávamos inspirar um ao outro. Costumávamos pegar uma moldura na forma da capa e colocá-la na frente de várias coisas no escritório. Será que o tom de madeira do armário daria uma boa cor de fundo? E o céu azul lá fora? (Steve Snider depois usaria um céu azul com nuvens brancas como fundo para a capa de *Infinite Jest*, de David Foster Wallace).

Às vezes havia restrições que limitavam nossas escolhas. Falavam: "Para este livro, vocês têm que usar esta foto. Foi tirada pela irmã do editor. Não é negociável". E a capa ficaria horrível.

Eu dizia: "Ótimo, deixa que eu faço essa". Então pegava a foto em questão, colocava na diagonal e ampliava em oitocentos por cento. Agora ficava legal. Sempre havia um jeito. A minha criatividade não se limitava a cinco designs de capa por livro ou qualquer outro número. Sempre havia outra possibilidade de capa. Aprendi rapidamente a não me importar com o trabalho árduo que havia sido desperdiçado e a não levar as rejeições para o lado pessoal. Minha criatividade não tinha limites. Eu queria trazer outra ideia. *Tenho um milhão delas*, pensava. *Poderia fazer isso o dia inteiro!* Era uma questão de atitude.

O design gráfico é uma excelente preparação para qualquer profissão, pois ensina que todo problema tem infinitas soluções possíveis. Hesitamos demais para nos afastar da primeira ideia ou do que já sabemos, mas a solução não necessariamente é o que está na nossa frente ou o que funcionou no passado. Por exemplo, se ficarmos apegados aos combustíveis fósseis como a única e melhor fonte de energia, estamos perdidos. A introdução ao design que tive me desafiou a experimentar uma nova abordagem hoje e todos os dias.

A criatividade é um recurso renovável. Desafie-se diariamente. Seja criativo do jeito que gosta e sempre que desejar, pois ela nunca irá terminar. A experiência e a curiosidade nos levam a fazer conexões inesperadas e originais. São estes passos não lineares que geralmente levam aos melhores trabalhos.

Steve virou meu mentor. Ele me dava carona para o trabalho todos os dias, e ficamos amigos; jogávamos tênis nos fins de semana. A diferença de idade entre nós passava de trinta anos, mas combinávamos muito bem: eu cresci com pai ausente, ele tinha duas filhas e sempre quis um filho. Steve acabou me chamando para acompanhá-lo nas apresentações de capas no escritório de Nova York. No caminho eu fazia um milhão de perguntas, não só sobre design, mas sobre a vida. *Como você soube quando pedir a sua esposa em casamento? Que pretensão salarial você colocou no seu primeiro emprego?* Perguntas são de graça. Pergunte!

Com o apoio de Steve e confiando em mim, saí da Little, Brown para trabalhar como freelancer de design de capas. Como estávamos no fim dos anos 1990, era inevitável expandir os meus serviços para o web design. Qualquer novo negócio na época incluía web design. Mesmo se tivesse aberto um serviço de lavagem a seco, a placa diria "Design e Alteração de Sites". Quando meus amigos se formaram na faculdade e resolveram abrir uma empresa de internet, eu já estava projetando e criando sites. Montamos a Xanga juntos. Aprender design com o Steve me colocou no caminho que me trouxe aonde estou hoje.

---

A noção de que a criatividade é infinita guiou o meu ânimo diariamente, mas esta ideia veio à tona em 2005, quando ainda estava no Google, trabalhando no Blogger, e havia enfim saído da dívida que me atormentou por toda a vida adulta.

## UM PASSARINHO ME CONTOU

Fui infinitamente inspirado pelas pessoas no Google. Tinha o Simon Quellen Field, o autoproclamado cara mais velho, que conheci no primeiro dia de orientação. Perguntei o que ele iria fazer no Google e a resposta foi: "Não sei. Algo que exija um PhD". Simon tinha uma grande barba e rabo de cavalo grisalhos e um papagaio pendurado no ombro. Ele dizia morar no alto de uma montanha em Los Altos da qual era dono e onde tinha um imenso aviário onde também criava papagaios.

No almoço, um cara chamado Woldemar (também conhecido como "Aquele que às vezes é confundido com aquele que não deve ser nomeado") fazia malabarismo sozinho. Eu ia lá conversar com ele:

— Você não se acha esquisito fazendo malabarismo aqui?

— Não.

— Eu ficaria nervoso e envergonhado.

— Bom, eu não fico.

— Então tá. Vejo você depois, Woldemar.

Já o Misha era atarracado, barrigudo, tinha barba e um sotaque russo pesado. Ele me encontrou quando postei um artigo na intranet do Google. (O artigo dizia que, goste ou não, quando você vai para uma entrevista de emprego ou um encontro amoroso, as pessoas vão jogar o seu nome no Google. Então é melhor assumir o controle. Por isso sugeri que o Google deixasse as pessoas transformarem os resultados da busca sobre seus nomes numa página de perfil em rede social, editando estes resultados e expandindo o conteúdo a partir deles. Chamei isto de Google Persona. Ainda acho que é uma ideia muito boa, mas está guardada na estante, perto da capa do livro do Ralph Lauren feita pelo Steve). Bom, Misha leu o meu artigo e ficou interessado em mim. Ele me procurou e disse: "Biz, vem. Nós dar uma volta."

*Será que devo dar uma volta com esse russo? Por que não?*

## CADA DIA É UM NOVO DIA

Dali em diante, Misha e eu passamos a fazer esses passeios. Enquanto passávamos pelos caras do papagaio e do malabarismo, ele falava coisas como: "Biz, eu inventar novo jeito de apresentar tempo". Eram caras como o Misha que faziam o Google funcionar.

Apesar da bem-vinda estabilidade financeira do emprego e da infinita gama de personagens fascinantes, ainda faltava algo no meu trabalho no Blogger: eu não tinha a chance de me desafiar diariamente.

———

Uma das formas que usei para tentar satisfazer essa ânsia era ter sessões regulares de brainstorm com Evan sobre o que poderíamos fazer caso saíssemos do Google. Numa tarde em 2005, estávamos indo do Google em Mountain View para casa em São Francisco no esquema de carona solidária. Ev dirigia sua caminhonete Subaru amarela e eu estava no banco do carona.

— Você sabe como as pessoas podem gravar a própria voz usando um navegador web com Flash se tiverem um microfone instalado? — perguntei.

— Sei — respondeu Ev.

— Bom, a gente podia criar algo que deixasse as pessoas gravarem o que quisessem. Aí poderíamos converter isso para MP3 nos nossos servidores.

— Claro.

— Certo. Acho que tive uma ideia genial.

— Deixa que eu julgo isso. — Evan ouve todas as minhas ideias, mas não é do tipo que fica empolgado demais. Ele é reflexivo, analítico.

## UM PASSARINHO ME CONTOU

Estávamos no trânsito lento da autoestrada 101 sentido norte, na região de San Mateo. Respirei fundo e continuei:

— Parece que os iPods estão ficando superpopulares. Poderíamos facilitar a gravação para as pessoas comuns, que poderiam falar, cantar, fazer entrevistas, tudo o que quisessem apenas com uma página web. Digamos que muita gente faça isso e nós convertêssemos todas estas gravações aleatórias em arquivos MP3.

— Continue — estimulou Evan.

— A gente guardaria todas estas gravações num só local e as deixaríamos disponíveis. Aí outras pessoas poderiam assinar quem elas quisessem ouvir.

Expliquei como isso poderia funcionar tecnicamente e como as gravações seriam sincronizadas entre os computadores e os iPods.

Finalmente, os olhos do Ev se arregalaram e o queixo dele caiu. É a cara de "puta merda, essa ideia é boa".

— Então você entendeu o que eu estou dizendo. Nós podíamos basicamente fazer um serviço que democratize o áudio da mesma forma que o Blogger democratizou a criação de sites. Qualquer um pode basicamente ter o próprio programa de rádio. Outras pessoas podem facilmente colocar este programa em seus iPods e ouvir tudo sempre que desejarem. Pode ser um negócio grande.

Dá para saber que estou empolgado quando digo "pode ser *um negócio grande*".

— Você pode estar no caminho certo. — Evan é osso duro de roer, mas eu o havia convencido.

— Eu falei que tinha uma ideia genial.

## CADA DIA É UM NOVO DIA

Quando voltamos para a cidade e começamos a pesquisar a ideia, descobrimos que eu não era tão genial quanto imaginava, pois outras pessoas já tinham pensado nisto e estavam chamando de podcast. Mesmo assim, achamos que havia um mercado amplo para um serviço comercial de podcasts baseado na web.

Evan consultou o amigo Noah Glass, que trabalhava nessa área, gravando vozes no navegador usando o Flash. Noah tinha chamado o serviço de Audioblogger porque postava os comentários das pessoas num blog, mas ainda não tinha inventado nada que facilitasse assinar estas gravações e colocá-las num iPod.

Um dia, Ev ligou enquanto Livia e eu estávamos fazendo o jantar no nosso "loft" em Potrero Hill e disse:

— Noah e eu estamos discutindo a ideia que você teve no carro. Venha se juntar a nós.

Olhei para o ensopado de brócolis, batatas e carne de soja cozinhando em fogo brando no fogão. Estava com fome. O jantar parecia bom. Respondi:

— Vou, não. Podem continuar sem mim.

São momentos como esses que fazem ou desfazem fortunas no Vale do Silício. Maldito brócolis.

---

Como o Google comprou o Blogger, Evan já tinha construído sua fortuna e estava livre para fazer o que tivesse vontade. (Sim, ele comprou um Porsche prateado depois da abertura de capital do Google. Não se pode culpar um garoto do Nebraska

## UM PASSARINHO ME CONTOU

por adquirir um brinquedo assim quando vira multimilionário). O que ele fez em seguida foi sair do Google, unir-se ao Noah e abrir uma empresa de podcasts chamada Odeo.

Pouco tempo depois desse telefonema, Ev disse ter levantado cinco milhões de dólares para criar a Odeo com o Noah. Tudo aconteceu muito rápido e de repente eu senti que havia perdido o bonde. Eles começaram a empresa sem mim. Claro que o Google era um ótimo lugar para trabalhar. Era a empresa da moda, eu não tinha chefe, estava ganhando bônus máximos, não precisava ir trabalhar se não quisesse e ainda tinha dois anos de opções de ações para usar. Poderia ficar tranquilo no Google e ganhar milhões de dólares ou sair para montar uma startup que poderia não dar certo (vou contar o final da história: não deu certo). Mas eu queria novos desafios todos os dias.

Pense no seu trabalho. Você trata a sua criatividade como combustível fóssil (um recurso limitado que deve ser preservado) ou canalizou a energia infinita do Sol? Está num ambiente propício à criatividade? Há espaço para novas ideias todos os dias? Você pode criar as condições para isso?

Eu tinha me mudado para a Califórnia a fim de trabalhar com Evan Williams, não com o Google. Isso era mais importante para mim do que ações ou estabilidade no emprego. Não ia conseguir ficar sentado esperando o prazo para usar todas as minhas opções de ações quando tinha a oportunidade de montar uma startup com o Evan. Claro que eu estava trazendo um lado humano para o Blogger, mas o site já estava bem encaminhado. Largar um emprego estável e confortável é como recomeçar do zero. Não é fácil e talvez não dê certo

## CADA DIA É UM NOVO DIA

da primeira vez, mas pode acabar levando a algo maior. Eu precisava de uma nova fonte de energia. Era hora de entrar em algo novo.

Liguei para o Evan e disse:

— Quero sair daqui e trabalhar na Odeo.

Ele respondeu:

— Sensacional.

Então me demiti do Google.

Recomeçar é um dos passos mais difíceis de se dar na vida. Segurança, estabilidade, proteção... É assustador e talvez completamente irresponsável deixar tudo para trás. Eu estava no Google em 2003 e poderia estar lá até hoje, mas tinha fé no meu eu do futuro. (Afinal, meu antigo eu do futuro finalmente conseguiu pagar a dívida do Toyota Matrix). Eu poderia ajudar a construir algo novo.

A essa altura, depois de termos finalmente quitado as nossas dívidas, Livia e eu rescindimos o contrato de aluguel daquela escadaria de nove andares em Potrero Hill, passamos a morar num condomínio em Palo Alto e eu comecei a ir de bicicleta para o trabalho. Depois de dois anos indo de São Francisco para Mountain View, agora fazia o caminho de Palo Alto até o escritório do Odeo na cidade. Inverti o meu trajeto para o trabalho.

Então nos mudamos novamente. Desta vez pedi a Livia para decidir onde iríamos morar, visto que meu histórico nesse quesito era péssimo. Ela escolheu Berkeley, e como estávamos cansados de senhorios que não permitiam o nosso pequeno zoológico de animais resgatados, queríamos uma casa própria. Livy era diretora da WildCare em San Rafael, um pronto-socorro para animais selvagens. O que acontece lá é bem diferente de um

## UM PASSARINHO ME CONTOU

consultório veterinário, onde as pessoas levam um gato doméstico obeso para tentar fazê-lo chegar aos setenta anos. Quando alguém acha esquilos, falcões, corujas ou gambás feridos, eles são levados à Wildcare em busca de ajuda. Mas, ao contrário de cães e gatos, não há protocolo estabelecido para alguns dos casos (como fazer uma prótese de perna para uma gaivota?), e a WildCare é uma organização sem fins lucrativos, então geralmente improvisa com o que foi doado. Há um camundongo de perna quebrada? Eles tratam usando equipamento dentário dos anos 1970. Livy estava salvando vidas. Ela nasceu para ajudar os outros, e sua vida de altruísmo é uma eterna fonte de inspiração para mim.

Na época, cuidávamos de dois cães, dois gatos e uma tartaruga, todos resgatados. Em diversos momentos também tivemos coelhos, corvos e roedores de vários tipos e tamanhos. Pegamos todo o dinheiro que economizamos e demos entrada na compra de uma casinha de 74 metros quadrados, que tinha sido construída como residência de empregados para uma casa maior. Metade desta área era ocupada pela garagem.

Nunca vou me esquecer do meu aniversário de 32 anos naquela casa. Livy, que fazia a maior parte do trabalho cuidando de nossos animais, viajou para uma conferência médica, e fiquei sozinho tomando conta dos animais por quase uma semana. Tive uma amostra do trabalho que ela fazia profissionalmente e também em casa. Um dos cães às vezes tinha convulsões. O outro era ansioso e atacava as pessoas. Havia também um gato que tinha sido atropelado e não sabia quando estava defecando. Livy me deixou com todos eles, além de cinco filhotes de coelho,

## CADA DIA É UM NOVO DIA

que ficavam na garagem e cuja mãe tinha sido morta. . Eles eram umas gracinhas, mas era preciso usar uma seringa para alimentá-los com leite. E ainda havia os corvos que estavam num grande aviário espremido no espaço entre a casinha de Berkeley e a cerca do vizinho. A gaiola era grande o bastante para todos, mas era preciso me inclinar quando ia alimentá-los com uma combinação fedorenta de peixe morto e frutas. Livy tinha avisado: "Faça de tudo para não agitar os corvos. Eles estão com as asas quebradas e não podem batê-las". Então eu tinha que agir de modo silencioso e calmo quando retirava a bandeja, colocava o alimento e a encaixava de volta no lugar. Acontece que a porcaria não desencaixava. Vespas, atraídas pela comida, formavam um enxame ao meu redor. Eu precisava ficar calmo, pois não podia irritar os corvos, durante uma festa de vespas que durou vinte minutos enquanto eu trocava a bandeja.

O segundo dia que Livy passou fora era o meu aniversário. Às 2 horas da manhã, Pedro, o cão mais velho, começou a ter uma convulsão. Corri pela escada abaixo só de cuecas e o encontrei com a língua para fora e olhos esbugalhados. Pensei que estivesse morrendo. Eu o peguei e segurei do jeito que pensei ter visto Livy fazer. Ele explodiu um jato de diarreia canina em mim. Aí o telefone tocou. Era a Livy, retornando meu pedido desesperado por ajuda. Ainda segurando o cachorro e coberto de merda, tentei atender a ligação sem sujar o telefone. Exatamente naquele momento a convulsão parou. "Estamos bem", eu disse à Livy e desliguei rapidamente. Enquanto me limpava, Pedro corria pela casa como um filhote, eufórico por estar vivo.

Com a nova casa e o salário de startup na Odeo, Livy e eu instantaneamente voltamos a ter dívidas no cartão de crédito. Mas, puxa, não teria sido um verdadeiro tiro no escuro de fé em mim mesmo se os riscos não fossem altos. Eu havia optado pelo risco e pela criatividade, e essa escolha iria acabar me servindo... Em algum momento.

# 3

## OS REIS DO PODCAST ABDICAM DO TRONO

Nunca me arrependi de ter saído do Google, mas nossa empresa estava fadada ao fracasso. O motivo disso ter acontecido foi uma lição, muito mais importante do que as doutrinas básicas sobre negócios e empreendedorismo.

Tínhamos cerca de uma dúzia de pessoas trabalhando na Odeo. Os podcasts estavam virando uma atividade popular, pelo menos entre os geeks que adoravam ser os primeiros a adotar as novidades. Sempre que algo ficava popular na web, havia o risco da Apple ou outra megaempresa entrar com suas poderosas equipes de desenvolvimento e dominar o mercado. Mas nunca nos ocorreu que a Apple ficaria interessada em podcasts. Por que

## UM PASSARINHO ME CONTOU

eles iriam querer incorporar algo tão periférico ao seu sistema operacional? Na época, a Apple não parecia se interessar por softwares sociais.

Para nossa surpresa, no fim de 2005 a Apple acrescentou o recurso de podcasts ao iTunes. Onde enxergávamos um método para troca de informações, a Apple viu um jeito de as pessoas ouvirem entretenimento profissional, como um rádio sob demanda. Essa era uma aplicação que fazia sentido para eles. E acabou que estavam certos sobre a forma pela qual os podcasts seriam mais comumente usados.

Esse poderia ter sido o golpe fatal na nossa startup. Por que alguém iria para a Odeo quando bastava usar o iTunes? Mas essa lição (ter cuidado com as grandes empresas) não era a que eu precisava aprender, a questão não é essa. O Ev teve a ideia inteligente de mudar o foco da Odeo para um recurso específico dos podcasts: recomendações baseadas no que agradava aos usuários do nosso produto ou a pessoas com gostos similares. Acreditávamos fortemente que a Apple não se importaria com o aspecto social dos podcasts. Eles não tinham comunidades no app de fotos deles. Poderíamos salvar a nossa pele trabalhando em algo que provavelmente o iTunes não faria.

Era o movimento certo em termos de negócios. Porém, a essa altura isso não importava, porque havia outro fato condenando a Odeo, mais devastador do que uma empresa concorrente de bolsos cheios.

Na verdade, nem o Ev, nem eu e (imagino que) nem vários outros integrantes da equipe estavam realmente interessados em podcasts. Nós não ouvíamos, nem fazíamos podcasts. A verdade é que ter um bom áudio exige uma boa produção. Ouvir o radialista Terry Gross é ótimo, mas aturar alguém no porão de casa falando uma lengalenga sobre XML por uma hora num microfone de baixa qualidade e sem qualquer produção de som é difícil.

Faltava a nós algo fundamental para uma startup de sucesso, e era mais importante do que a qualidade do som: o investimento emocional. Se você não ama o que está criando e não for um usuário ávido, provavelmente irá fracassar, mesmo se estiver fazendo tudo certo.

---

Não consigo trabalhar em nada que não me interesse. Uma vez, no ensino médio, fiquei frustrado quando precisei escrever um texto para a aula de ciência política. Os temas eram chatos e eu não conseguia me empolgar para fazer o trabalho. Eu iria ser reprovado ou tirar uma nota ruim a menos que arrumasse um jeito de gostar da tarefa.

Então decidi escrever sobre vigilantismo usando os quadrinhos do *Batman* como principal fonte de pesquisa. Assim que bolei esta ideia, que era totalmente interessante para mim, escrevi o texto de uma sentada só.

---

Evan e eu ainda não tínhamos notado que não nos importávamos o suficiente com os podcasts. Quando a Apple acrescentou-os ao iTunes, Evan fez um memorando e enviou para alguns integrantes da equipe. Era um plano muito bem escrito para fazer a Odeo ser um sucesso concentrando-se no que chamávamos de descoberta social, com recomendações geradas por um serviço com base no material que alguém gostou anteriormente, como a Amazon faz com livros. Quando li o memorando, sabia que era um bom plano e que provavelmente daria certo. Naquela mesma semana, Ev e eu fomos jantar sushi e tomar um uísque num lugar em São Francisco de que gostávamos. Eu levei o memorando, pois queria perguntar algo a ele.

— Ev, eu gostei mesmo do que você escreveu. É muito inteligente e vai funcionar.

— Obrigado.

— Se nós executarmos a visão que você definiu, vamos virar os reis do podcast. — Fiz um floreio quando disse "reis do podcast", soou bem nobre.

— Uau, você acha que foi tão bom assim? — Ev parecia satisfeito.

— Sim — respondi —, mas eu tenho uma pergunta.

— Qual?

— Você *quer* ser o rei do podcast? — Eu perguntei porque estava me perguntando o mesmo.

Ev tomou um gole do seu uísque, pôs o copo na mesa e riu.

— Não, eu definitivamente não quero ser o rei do podcast.

— Nem eu — concordei.

Eu sabia o peso do que estávamos dizendo. Como poderíamos levar a ideia adiante se era algo que não nos entusiasmava? Ao mesmo tempo, fiquei empolgado com esta revelação: *Se não houver envolvimento, não conseguiremos continuar.*

Percebendo o mesmo que eu, Ev não riu por muito tempo. Segurou a cabeça com as mãos e grunhiu, frustrado. Dava para ver que ele queria dizer: "Você está certo. E agora?".

Evan é provavelmente uma das poucas pessoas no mundo que podem trabalhar comigo. Como já mencionei, ele me dá a liberdade para ser doido e ter ideias malucas. Se eu propusesse: "Só por um minuto, suponha que não exista gravidade", Evan responderia "Continue". Ele valoriza a minha capacidade de fazer brainstorm, a minha intuição, e entende que no meio de todas as besteiras irrelevantes pode haver uma ideia válida. É por isso que somos uma boa equipe. Eu fico nas nuvens e ele mantém os pés no chão.

Ev sempre foi paciente quando quero pensar em voz alta. Foi o que fiz naquela noite.

— Nós poderíamos jogar a Odeo fora e começar a partir de uma ideia totalmente diferente. Temos uma boa equipe e um monte de dinheiro ainda no banco.

Na hora Ev se mostrou interessado, mas depois olhou com cara feia:

— Por mais que eu adore essa ideia, arrecadamos este dinheiro com investidores para construir uma empresa de podcast. Não podemos usar recursos alheios para experimentar vários outros projetos que podem não dar certo.

Ele tinha razão. Também não me sentiria bem fazendo isso, então continuei a dar sugestões:

— Talvez a gente devesse cair fora, então. Admitir para nós mesmos, para a equipe, os investidores, a diretoria e todo mundo que não desejamos mais fazer isso. Aí poderíamos vender a empresa para alguém que realmente goste de podcasts.

Ev decidiu pensar nisso mais seriamente. Acabamos de jantar e fomos para casa.

Depois de mais ou menos uma semana, Ev resolveu dizer à diretoria que não pretendia mais ser o CEO da Odeo. Ele se ofereceu para ajudá-los a encontrar um substituto, mas a diretoria não quis. Os investidores colocaram o dinheiro tanto em Evan quanto em sua ideia promissora. Estava decidido que seria melhor contratar um corretor para encontrar um comprador para a Odeo.

Foi neste período que o Evan tomou a decisão que mudaria a minha vida para sempre. Ele anunciou para a equipe que o conselho procurava um comprador para a Odeo e em seguida sugeriu uma *"hackathon"* (maratona de programação), mais para levantar o moral da tropa. Ev sugeriu que uma parte do grupo continuasse a manter a Odeo, de modo que o site funcionasse para os usuários atuais, enquanto o resto de nós iria programar. Formaríamos duplas e teríamos duas semanas para criar o que quiséssemos. Foi uma ótima ideia, pois estimulou o grupo a colocar em prática as suas invenções favoritas. Se o Evan desenvolveu este desafio em resposta a nossa apatia mútua pelos podcasts e por suspeitar que a paixão geraria os nossos melhores trabalhos, eu concordava plenamente. E estávamos certos.

Havia um programador na Odeo chamado Jack Dorsey com o qual tive afinidade desde o começo. Mesmo sendo um cara quieto, era fácil fazê-lo rir. Saíamos juntos nos fins de semana, conversávamos sobre ideias que tínhamos para startups, coisas que criamos e não deram certo e também colaborávamos em miniprojetos dentro da Odeo. Era como na escola quando pediam para fazer trabalho em dupla e você sempre escolhia o seu melhor amigo. Eu sabia de cara que queria trabalhar com o Jack na *hackathon*. Mas o que desenvolveríamos?

A história fica meio confusa a partir desse momento, porque Ev anunciou a *hackathon* logo antes da hora do almoço. Um grupo saiu junto para comer e eu não os acompanhei, mas aparentemente Jack aproveitou a plateia para descrever no que gostaria de trabalhar. Quando voltou ao escritório, perguntou se eu gostaria de formar dupla com ele.

## OS REIS DO PODCAST ABDICAM DO TRONO

Eu disse:

— Sim, já estava supondo que a gente iria se juntar. O que você quer fazer? Talvez blogs com fotos? Tem que ser algo limitado.

Não tínhamos muito tempo, então eu queria manter o projeto simples e elegante. Sugeri:

— Poderíamos fazer o Phonternet, uma pequena internet para ser consultada apenas em telefones. Como um MySpace só para celulares.

Jack respondeu:

— Essa aí é legal. Também tenho uma ideia.

Ele me levou à mesa de trabalho para explicar. Olhamos sua lista de contatos no AOL Instant Messenger (AIM). O programa oferecia um recurso chamado Status, para que o usuário pudesse avisar se estava longe da mesa, no almoço, etc. Assim, os amigos saberiam por que você não estava respondendo às mensagens deles.

Cerca de meia dúzia de amigos do Jack tinha definido o status no programa. Jack apontou que, em vez de apenas dizer "Ausente", "Ocupado" ou algo assim, as pessoas estavam brincando com a mensagem de status. Um deles tinha mudado o texto para "Me sentindo blé". E o outro ia de "Ouvindo White Stripes". Jack disse que gostava de saber como os amigos estavam se sentindo ou o que estavam fazendo só de olhar para essas mensagens de status. Ele me perguntou se deveríamos construir algo parecido, um jeito de postar uma mensagem de status e ver as mensagens de status dos nossos amigos.

Adorei a simplicidade e a limitação da ideia. Na verdade, me fez lembrar de dois projetos de microblogs que já havia criado, mas que não foram adiante. Antes de entrar para o Google, criei algo chamado Sideblogger, que permitiria publicar reflexões rápidas e curtas ao lado de postagens mais detalhadas em blogs. E quando já estava no Google, trabalhei no Blogger on the Go, um microblog feito a partir de celulares.

———

Quando criança, Jack era fascinado pelo funcionamento das cidades e pelo registro das corridas de táxi. Se você prestasse atenção nos caminhos feitos pelos táxis, poderia sentir o pulso da cidade. Ele gostava de pensar que essas atualizações de status mapeariam a sociedade da mesma forma: o software poderia captar e refletir o comportamento humano. Eu era o lado social da equação, estava interessado no que permitia interações especiais entre as pessoas.

Foi quando Jack comentou:

— Ainda é Odeo, porque dá para anexar um trecho de áudio junto com o texto.

Eu respondi:

— Não, se a gente vai fazer isso, tem que ser supersimples e esquecer o áudio.

Jack riu:

— OK, nada de áudio.

Eu propus:

— Vou começar a desenvolver o modelo.

Ele respondeu:

— E eu vou descobrir como construir isso de modo simples.

———

## OS REIS DO PODCAST ABDICAM DO TRONO

Primeiro pensávamos estar criando um jeito de atualizar o status para os amigos por telefone. O site seria apenas uma tela de boas-vindas em que as pessoas cadastrariam seus números de celular, mas quem iria a um site desconhecido e daria essa informação voluntariamente? Descartamos isso e comecei a pensar em outras formas de permitir que as pessoas atualizassem os status: por uma interface da web, por mensagens instantâneas... Mas se estávamos falando de um status que as pessoas divulgariam quando estivessem "ausentes" da vida normal, o jeito mais provável seria através de uma mensagem de texto.

Se alguém nos mandasse uma atualização de status a partir do celular, não seria preciso pedir o número do telefone, pois já o teríamos. O registro no serviço, a princípio, seria feito por mensagem de texto apenas. Depois decidimos que seria melhor permitirmos que os usuários atualizassem os status na web, e essa atualização também fosse enviada aos celulares.

Esse era o nosso projeto. Jack e eu decidimos criar uma forma de trocar atualizações simples de status por SMS (mensagem de texto). Eu faria a interface da web onde as pessoas poderiam ver as mensagens que estavam trocando e Jack descobriria como interligar as mensagens de texto à web e vice-versa. Era algo simples, e eu estava muito mais empolgado com isso do que jamais estive em relação aos podcasts.

---

Noah Glass fundou a Odeo junto com o Ev e batizou a empresa. O nome é legal para um serviço de podcasts porque soa parecido com "áudio" em inglês, e é atraente em termos visuais. Por isso, Jack e eu pedimos ajuda ao Noah para dar um nome ao nosso projeto.

## UM PASSARINHO ME CONTOU

Na época, estávamos trabalhando em escritórios meio fedorentos. O endereço 164 South Park ficava perto da entrada de um parque e em frente a um posto de gasolina da Shell. O espaço havia sido construído num pátio formado pela parte externa de outros prédios, portanto as paredes internas já haviam estado do lado de fora. Uma delas ainda possuía a janela original, permitindo que enxergássemos dentro do prédio da vizinhança. A frente, grande e aberta, tinha piso de madeira e o pé-direito alto. Algumas pessoas acharam bacana, mas eu não escolheria o local. Os carpetes em tom de verde pálido eram gastos e manchados, o porão tinha ratos e a porta dos fundos dava para um beco em que se viam pessoas desabrigadas, seringas e fezes humanas. Se você for lá agora, é um lugar bem chique, com restaurantes, condomínios e firmas de capital de risco, mas na época era bem caído.

Quem esteve lá antes de nós tinha algum tipo de loja nos fundos, com piso de compensado e espaço para lixeiras de reciclagem. Podíamos fechar a porta de vidro dos fundos, que era de correr, e conversarmos sem incomodar os engenheiros. Esse era o refúgio onde geralmente encontrávamos o Noah.

— Queremos um nome que dê a sensação de rapidez e urgência — falou um de nós durante uma reunião nesta salinha.

O nome precisava capturar a ideia de que o telefone iria vibrar em seu bolso com atualizações simples feitas pelos seus amigos *na hora*. Noah criou uma listinha com palavras velozes.

— Que tal Jitter (Tremores)? — sugeriu Noah.

— Parece coisa de quem tomou café demais, não acha? — respondi.

— Ou Flitter, Twitter ou Skitter. — Noah estava no computador, procurando palavras que rimavam com Jitter.

## OS REIS DO PODCAST ABDICAM DO TRONO

— Twitter! — repeti, empolgado. Me lembrava do trinado suave dos pássaros e também significava uma conversa rápida ou trivial em inglês. — Gente, é perfeito!

Noah preferia Jitter ou Jitterbug. Ele achava que deveríamos ter as crianças como público-alvo. Eu não queria mirar no público infantil. Não sabíamos nada sobre crianças. Eu nem gostava dessas duas palavras juntas: *mirar* e *crianças*.

Era apenas um projeto para a *hackathon*, e eu estava tão apaixonado pelo nome Twitter que os caras concordaram ou cederam facilmente. Pensando bem, foi uma conversa tão curta e casual que chega a ser chocante.

---

Durante a *hackathon* de duas semanas, Jack e eu definimos as regras em relação ao código curto, o número de cinco dígitos que as pessoas usariam para nos mandar as mensagens de texto. Queríamos que o código fosse digitado no telefone como Twttr. Jack foi até a página de registro e viu se essa combinação estava disponível, mas ela já havia sido escolhida pela revista *Teen People*. Tentamos diferentes variações (twitr, etc.), mas acabamos deixando a ideia de lado. Escolheríamos um número que fosse fácil de lembrar e de digitar com apenas uma das mãos. Decidimos pelo 40404. Era a distância perfeita para o polegar passar de uma tecla para outra nos celulares da época. Por um breve momento pensamos em chamar o serviço de 40404. Jack adorava a simplicidade estética do número, mas Twitter era um nome muito melhor e decidimos mantê-lo.

## UM PASSARINHO ME CONTOU

Enquanto Jack trabalhava no *back-end*, criei um modelo que mostrava o funcionamento do serviço. Durante o processo, íamos à mesa um do outro para conversar usando as cadeiras de rodinhas do escritório ou então eu girava a minha tela para ele, perguntando: "Esse design está bom?". Mantive o site austero e simples, quase todo branco. Nós dois gostamos. Geralmente eu ficava empolgado e Jack mantinha a calma. Eu brincava, ele ria. Eu me ajoelhava na cadeira e girava igual a uma criança enquanto falava sem parar e ficava me repetindo, no auge da empolgação. Jack ouvia tudo em silêncio. Ou eu deitava no chão, falando, enquanto ele ficava na cadeira com a postura correta e as mãos entrelaçadas ou abertas sobre a mesa, quase sem expressão, exceto quando ria. Às vezes a gente saía para caminhar e conversar, andando pela cidade e trocando ideias.

Eu falo muito. "Não, isso é uma má ideia. Espera, é uma boa ideia. Será que é uma boa ideia?". Foi o mesmo processo com Ev e Jack: eu fazia o brainstorm e eles filtravam. Ambos eram pacientes o bastante para ouvir as besteiras, ou eu não lhes dava a chance de discordar.

———

Ao final das duas semanas, ainda não tínhamos um protótipo funcionando, mas eu havia criado uma versão web falsa do Twitter. Na apresentação da *hackathon*, nossos colegas mostraram alguns dos seus projetos. Um deles (feito por Adam Rugel, eu acho) fazia uma brincadeira com o que Jack e eu estávamos criando. Ele se chamava Friendstalker e, se me lembro corretamente, consolidava as postagens dos seus amigos, permitindo agregar toda a atividade virtual deles num só lugar. Florian

## OS REIS DO PODCAST ABDICAM DO TRONO

Weber, por sua vez, inventou algo chamado Off Da Chains, do qual não lembro os detalhes. Outra equipe criou um conceito para comunicação em grupo.

Quando chegou a vez de apresentar o Twitter aos funcionários da Odeo, me levantei e fiz a demonstração do "serviço" usando um laptop conectado a um projetor. Não importava que a programação ainda não estivesse pronta. A versão demo me permitia clicar e simular a experiência de mandar uma mensagem de status por telefone e vê-la postada na web.

A primeira tela mostrava uma página da web em cujo topo se lia "O que você está fazendo?", onde havia um lugar para digitar o seu status. Eu digitei "Fazendo uma demonstração", depois cliquei em Enviar e vi surgir outra tela, mostrando o meu status:

fazendo uma demonstração

Logo abaixo estavam posts falsos de outros usuários do serviço, depois havia uma linha e, embaixo dela, mensagens dos meus melhores amigos.

Então eu disse: "Aqui está o telefone do Jack" e cliquei no próximo slide, que mostrava uma montagem feita no Photoshop do telefone dele com a minha mensagem de texto "fazendo uma demonstração".

Em seguida, mostrei o mesmo telefone enviando a mensagem "almoçando" para o número 40404. O próximo slide era outra tela da web, onde agora era possível ler que Jack estava almoçando.

Era isso. Nossa demonstração mostrava o funcionamento da comunicação entre telefones e a web. Eu a batizei de "Twitter, um treco da Odeo".

## UM PASSARINHO ME CONTOU

A equipe não se mostrou impressionada com o que criamos. Alguém disse que era simples demais e precisava de algo mais interessante, como vídeo ou fotos. Explicamos que o objetivo era justamente ser muito simples. No geral, o projeto não foi muito bem recebido.

Mesmo assim, Jack e eu não conseguíamos esquecê-lo. O tempo todo durante a viagem de metrô para o trabalho, eu só pensava no Twitter: recursos para a interface do usuário, perguntas que gostaria de fazer ao Jack. *Ah, meu Deus, se a gente fizesse isso, então poderíamos fazer aquilo. Espera, isso não vai dar certo. E se a gente fizesse outra coisa?* O trem não andava rápido o bastante. Eu corria da Montgomery Station para South Park de modo a chegar ao trabalho o mais cedo possível. A ideia ganhava impulso maior a cada dia. Não dava para tirá-la da cabeça, era esta a sensação. Mais tarde eu definiria isto como envolvimento emocional, mas não o identifiquei na época, pois estava muito ocupando vivendo a sensação.

Jack e eu adorávamos trabalhar juntos e, empolgados, decidimos continuar até conseguirmos uma versão funcional da ideia para testarmos. Depois da nossa apresentação, Jack e eu tivemos uma conversa particular com o Evan e perguntamos se poderíamos continuar trabalhando no projeto Twitter. Assim, com a permissão garantida, teríamos um protótipo real funcionando em algumas semanas. O projeto de duas semanas para a *hackathon* foi o berço do Twitter.

Nosso escritório consistia basicamente num loft aberto que tinha um deque superior no fundo. Ev e eu tínhamos mesas lá, perto um do outro. Geralmente eu andava até a mesa dele para perturbá-lo. Era a única forma de tirar alguma informação daquela mente quieta de garoto do Nebraska.

## OS REIS DO PODCAST ABDICAM DO TRONO

Mais ou menos uma semana depois do *hackathon*, fiz este trajeto, me sentei numa bola de ioga e perguntei a ele o que estava acontecendo. Ev me falou que a diretoria não estava conseguindo encontrar um comprador para a Odeo. Aparentemente, não éramos os únicos que não estavam empolgados com podcasts. Se ninguém comprasse a empresa, seria um fracasso total: o dinheiro que gastamos estaria perdido e os investidores provavelmente nunca mais acreditariam em algo que fizéssemos. Por isso, eu sempre fazia questão de ver como o Evan estava. Informações, ideias e preocupações importantes costumavam apodrecer dentro dele. Ele nunca era pró-ativo em revelar o que se passava em sua cabeça.

— Pensei em todos os caminhos possíveis — falou Evan. — Não há saída.

Ficamos ali sentados em silêncio por alguns momentos. Ele parado, eu inquieto. Foi quando olhei para o Ev. Não sabia quanto dinheiro ele tinha, mas desconfiei de que era rico por ter vendido o Blogger e recebido ações do Google como pagamento antes da abertura de capital. Então falei:

— Temos um comprador para a Odeo, se quisermos.

Ev perguntou:

— Você não estava me ouvindo? Acabei de falar que não há comprador.

— Ah, tem sim: você. E se *você* comprasse a Odeo? Os investidores conseguiriam o dinheiro de volta, nossa reputação ficaria intacta e estaríamos livres para fazer o que quiséssemos.

Ev achou que a ideia tinha algum mérito e deve até ter pensado nisso antes de eu ter falado, mas era algo não convencional, para dizer o mínimo. Os empreendedores não costumam arranjar dinheiro com capitalistas de risco, criar uma empresa

## UM PASSARINHO ME CONTOU

instável e depois recomprá-la deles. Se a aquisição da empresa como forma de evitar o fracasso fosse percebida negativamente, poderia prejudicar a reputação e a carreira do Ev.

Então sugeri anunciar publicamente que Ev e eu estávamos abrindo uma nova empresa, uma incubadora de startups, e que planejávamos adquirir a Odeo. Como tudo o que é maravilhoso parece óbvio quando paramos para pensar, batizaríamos a empresa de Obvious.

Era um plano fácil para o meu lado, considerando que não tinha dinheiro a oferecer, embora ninguém fora do meu círculo mais próximo de amigos soubesse disso (exceto a Visa). Na verdade, eu já tinha feito outro empréstimo para pagar os cartões de crédito. Minha taxa de juros estava em absurdos 22 por cento e, quando fiz as contas, percebi que se pagasse o valor mínimo mensal acabaria levando mais de duzentos anos para quitar a dívida. Meus netos estariam pagando a minha fatura de cartão de crédito, por isso peguei dinheiro emprestado com Ev. Nós acertamos um empréstimo real com juros, mas ele me cobrou uma taxa muito mais humana.

Deixando de lado as limitações financeiras, acrescentar o meu nome ao acordo parecia deixar o Evan mais confortável. Assim, se tudo fosse para o espaço, eu dividiria a culpa e nós dois ficaríamos com fama de idiotas (acaba que as coisas ficaram na Terra mesmo).

A Obvious se ofereceu para comprar dos investidores a Odeo e todos os seus projetos paralelos (incluindo o Twitter, que ninguém achava que valia a pena). Dos cinco milhões de dólares levantados para a Odeo, ainda sobravam três. A Obvious se ofereceu para comprar a empresa por dois milhões e mais um pouco, de modo que os investidores recebessem todo o dinheiro de volta e tivessem algum lucro. Funcionou bem, eles ficaram satisfeitos. E o Ev acabou encontrando um comprador para a tecnologia da Odeo: uma empresa canadense a levou por um milhão de dólares, que voltaram para o Ev. Fazendo as contas, isto significa que o Ev comprou o Twitter por um milhão de dólares. Uma pechincha, considerando o quanto vale hoje.

---

Saí da Little, Brown em Boston para abrir uma empresa de web design, depois tive um breve período na Xanga, um emprego na Wellesley College, fui para o Google, depois para a Odeo e agora estava na Obvious, onde trabalhava em um projeto que me cativava de um jeito inédito. Na primavera de 2006, este pequeno projeto finalmente atraiu o interesse do resto da empresa. Com isso, os novos funcionários da Obvious começaram a trabalhar no Twitter e tivemos um ótimo progresso.

Quando fizemos a parte de mensagens de texto interagir com a parte web do Twitter, eu estava trabalhando de casa e falando com o Jack num programa de mensagens instantâneas. Era 21 de março de 2006, às 11h47 da manhã. Quando o tweet inaugural do Jack (que na época nós chamávamos de update) apareceu na minha tela, fiquei tão empolgado que mandei para ele pelo programa de mensagens instantâneas as famosas palavras de Alexander Graham Bell para seu assistente quando fez a primeira ligação telefônica:

Sr. Watson, venha aqui. Preciso de você.

Depois eu soube que a frase não estava correta, mas a emoção da descoberta era exatamente o que todos sentimos naqueles primeiros dias de funcionamento do Twitter. Eu tinha saído do

## UM PASSARINHO ME CONTOU

Google para a Odeo em busca de terreno fértil para a criatividade, mas o que não encontrei na Odeo estava no Twitter desde o início. Claro que fiquei doido para conseguir o emprego no Blogger e no Google e depois quis muito sair de lá para a Odeo. Parecia ser uma paixão verdadeira, mas o que sentia agora era diferente. Aquela euforia; a empolgação da invenção; o fluxo sem esforço de ideias, boas e ruins; a convicção de estar fazendo algo importante e bacana. É um pouco como a experiência de se apaixonar. Eu não sabia ao certo o que estava procurando até estar bem na minha frente.

Não compramos o nome de domínio twitter.com logo de cara porque era registrado por um entusiasta de pássaros, então começamos o serviço no site twttr.com, sugestão que Noah deu, por ser parecido com Flickr. Mas eu queria que o nome da empresa fosse uma palavra que existisse no dicionário. Depois, quando conseguimos adquirir o domínio do fã de pássaros, meu post no blog foi "Compramos as vogais".

Por um bom tempo, a página inicial do site ficou exatamente como havíamos projetado em seus primórdios, exibindo os tweets mais recentes de todos os usuários do serviço. Na verdade, este foi o motivo de boa parte das críticas que recebemos. *Quem é Joey B e por que eu estaria interessado em saber o que ele come no café da manhã?* Contudo, acabamos aprendendo que *alguém* tem interesse no café da manhã do Joey B. O botão Seguir fez com que estas pessoas pudessem se identificar.

Quando criamos a ideia de "seguidores", houve uma discussão sobre a terminologia. Alguns pensaram que deveríamos chamar o recurso de Ouvir, mas não se ouvia nada, se lia atualizações. Como "Assinar" era careta demais, defendi o "Seguir."

## OS REIS DO PODCAST ABDICAM DO TRONO

— Você está seguindo esta pessoa no sentido de acompanhar. Do mesmo jeito que *acompanha* as notícias e os jogos de futebol, você *segue* o Biz Stone.

***

Esta euforia, a felicidade que jamais encontrei nos podcasts, continuaria ao longo do surgimento do Twitter, mas um dia específico se destaca na lembrança. Foi no início da fase de protótipos, antes de lançarmos o site. Só alguns de nós usávamos o serviço. Minha esposa e eu vivíamos naquela casinha em Berkeley, estava tendo uma onda de calor e eu havia tirado o dia para fazer alguns consertos em casa.

Lembrando os velhos episódios de *This Old House* que gostava de assistir quando criança, decidi tirar todo o carpete que forrava a casa inteira e um dia tinha sido branco para expor o atraente piso de madeira que ficava por baixo. Fiz um grande rasgo no carpete com a tesoura e depois comecei o árduo processo de arrancá-lo dos pregos que o fixavam. Só depois que destruí o carpete, eu descobri que não havia chão de madeira algum.

Mas agora não dava para voltar atrás, então decidi arrancar o carpete mesmo assim. Agachado, suando por causa do calor e xingando a minha idiotice, senti o telefone vibrar no bolso da frente. Tateei a calça jeans para tirá-lo do bolso e li um tweet do Evan Williams:

Bebendo um pinot noir depois de uma massagem em Napa Valley.

A situação vivida por mim naquele exato momento e a total discrepância com a de Ev me fez gargalhar. Minha esposa

## UM PASSARINHO ME CONTOU

achou que eu tivesse enlouquecido. Na verdade, eu não estava apenas satisfeito; foi uma iluminação. Naquele momento percebi por que as minhas outras startups tinham fracassado e por que o Twitter daria certo. Ele me proporcionava alegria. Estava gargalhando em pleno domingo à tarde depois de usar o aplicativo no qual havia trabalhado por vários dias e noites. Eu estava apaixonado por esse projeto.

---

Aquele dia quente em Berkeley ficou na minha lembrança, pois foi quando percebi o valor do investimento emocional. Você sente quando vale a pena correr atrás de algo. Nem sabe exatamente por que, mas não importa. O sucesso não é garantido, mas o fracasso é certo se você não estiver emocionalmente envolvido em seu trabalho.

Este compromisso foi o elemento crucial para enfrentarmos os desafios mais difíceis que viriam pela frente. No início, o Twitter foi ridicularizado. Alguém o chamou de *Seinfeld* da internet: um site sobre o nada. Isso foi com a intenção de ser uma ofensa. Sem me abalar, acrescentei este comentário à lista de depoimentos na página inicial do site. Eu encarei como elogio. *Seinfeld* talvez seja o programa mais engraçado de todos os tempos! Não importa quantas vezes o Twitter caísse (e nós tivemos que lutar repetidamente para consertá-lo e explicar a causa de mais uma queda), a fé que tinha nesta ideia me fez continuar. Eu podia suportar qualquer problema se o trabalho me proporcionasse alegria. A paixão pelo projeto me deixou imune a tudo o que as pessoas achavam idiota e inútil. Eu, que não tinha o menor desejo de ser o rei do podcast, estava muito empolgado por ser o criador do Twitter. Esta foi uma grande lição.

## OS REIS DO PODCAST ABDICAM DO TRONO

É tão comum as pessoas seguirem uma carreira sem pensar no que realmente as inspira. Quantas pessoas se formam, veem que advogados e médicos ganham bem, seguem este caminho e acabam descobrindo que odeiam a profissão? Penso no comediante Demetri Martin, que costuma aparecer no programa *The Daily Show*. Ele entrou para o curso de Direito na NYU, mas em vez de se tornar advogado, acabou virando o comediante excêntrico que toca ukulele e usa fantoches nos esquetes.

Adotar uma carreira por ser lucrativa, porque seus pais querem ou porque caiu no seu colo às vezes pode dar certo, mas geralmente começa a parecer errado depois que você se estabelece. É como se outra pessoa digitasse as coordenadas no GPS do seu telefone. Você tem que seguir aquele caminho, mas nem sabe para onde está indo. Quando a rota não parece certa e o piloto automático desvia você do caminho, é preciso perguntar qual é o destino certo. *Ei! Quem colocou "Direito" no meu telefone?* Dê um *zoom out*, reduza o mapa, veja de cima o que está acontecendo na sua vida e comece a pensar para onde realmente deseja ir. Observe toda a geografia: as estradas, o trânsito, o destino final. Você gosta de onde está? Gosta do objetivo final? Mudar as coisas é uma questão de reprogramar o seu destino ou você está no mapa totalmente errado?

O GPS é uma ferramenta incrível, mas se outra pessoa inserir os dados, ele não será um guia confiável. O mundo é um lugar enorme e você não pode tratá-lo como se fosse uma rota pré-programada. Dê a si mesmo a oportunidade para mudar de rumo em busca do envolvimento emocional.

Se você não acordar empolgado com o dia que terá pela frente e acredita estar no caminho errado, como encontrar o caminho certo? Sempre digo às pessoas para fazer este exercício: imagine trabalhar em algo que você ama. Descreva o ambiente. Não se concentre na quantidade de grana que deseja ganhar. Em vez disso, pense: que tipo de gente está ao seu redor? Que trabalho elas estão fazendo? Como você trabalha? Que adjetivos as pessoas usariam para descrever o que você faz?

Talvez o cenário ideal para você seja um belo escritório perto do mar, com bicicletas penduradas do lado de fora para dar uma volta no meio do dia, se quiser. De repente este escritório tem até pranchas de surfe. As pessoas estão rindo. Ao descrever a sua empresa ideal, você pode dizer: "Nós nos divertimos muito durante o dia, mas às vezes também trabalhamos com muito afinco".

Que trabalho tem estas características? Talvez algo numa pequena agência de publicidade. É o tipo de lugar que parece uma loja de criatividade.

Depois de ser atingido pela verdadeira paixão, será possível reconhecer todos os momentos da vida em que estava correndo atrás do sonho errado. E depois de ter experimentado esta satisfação constante, você nunca mais vai querer outra coisa.

# 4

## UMA BREVE LIÇÃO SOBRE LIMITAÇÕES

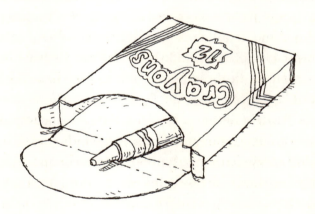

Uma das primeiras decisões que tomamos sobre o Twitter e nunca mudamos foi que cada mensagem estaria limitada ao máximo de 140 caracteres.

A limitação inspira a criatividade. Espaços em branco são difíceis de preencher, mas um pequeno estímulo pode nos levar a caminhos novos e fantásticos.

Várias histórias confirmam esta ideia. Li em algum lugar que, para as filmagens de *Tubarão*, Steven Spielberg queria construir

## UM PASSARINHO ME CONTOU

um tubarão mecânico gigante e realista para as cenas em que o monstro assustador atacava as pessoas. Mas fazer este tubarão em tamanho natural virou um pesadelo em termos de orçamento, então Spielberg pensou em uma solução mais barata: decidiu filmar do ponto de vista do tubarão, embaixo d'água, olhando faminto para as pernas saborosas dos nadadores desavisados. E sabe de uma coisa? Ficou *muito* mais assustador. Estas cenas existiram porque o orçamento do diretor era restrito. O *New York Times* recentemente fez uma brincadeira, especulando como seria o *Tubarão* de hoje. O filme abriria com Shia LaBeouf interpretando um astro do rock ao lado da esposa supermodelo: "A câmera dá um zoom até o plano detalhe nos dentes imensos do tubarão gerado em computação gráfica cortando os dois ao meio, em 3D". Ridículo.

Outra história do Spielberg: quando Harrison Ford estava filmando *Caçadores da Arca Perdida*, os três meses de gravações na Tunísia deram a ele uma terrível diarreia. Quando chegou a hora de filmar uma longa e acirrada luta de espadas, Ford, desesperado para ir ao banheiro, sugeriu que diante deste inimigo que aparecia fazendo malabarismos com a espada, ele simplesmente sacasse a pistola e atirasse no sujeito. Esta solução improvisada virou uma das melhores, mais engraçadas e mais marcantes cenas do filme.

Em ocasiões especiais, quando eu era criança, minha família ia a um restaurante em Waltham, Massachusetts, chamado The Chateau. O local tinha as paredes decoradas com pinturas em veludo do Frank Sinatra e os cardápios eram jogos americanos de papel. Para me distrair enquanto esperávamos o pedido, minha mãe virava o jogo americano, deixando o lado em branco à mostra, tirava uma caneta do talão de cheques e me dava permissão para desenhar.

## UMA BREVE LIÇÃO SOBRE LIMITAÇÕES

— Vou desenhar o quê? — perguntava.

— Qualquer coisa — respondia minha mãe.

Mas eu olhava para a folha em branco e repetia:

— Vou desenhar o quê?

Até que ela dizia:

— Desenhe um caminhão basculante.

E funcionava. Eu começava a desenhar na hora. E não era necessariamente um caminhão basculante. Na verdade, provavelmente nunca foi, mas limitar as opções me dava um ponto de partida. Tinha a mesma sensação quando fazia o design das capas de livro. Gostava quando diziam que a capa precisaria ter duas cores, ou que não poderíamos comprar fotos, ou que, não importava como fosse, a capa precisaria ter um caminhão basculante.

---

O mundo dos negócios é repleto de restrições: o prazo para terminar um projeto, o dinheiro para investir nele, as pessoas para construí-lo ou o espaço para fazê-lo. Estas limitações podem, na verdade, aumentar a produtividade e a criatividade, ao contrário do que diz o senso comum. Pense na pergunta "Como foi o seu dia?". A resposta é quase sempre "Bom". Mas quando restringimos a pergunta, "Como foi o almoço com o Steve?", obtemos uma resposta muito mais interessante.

---

Uma vez, durante um jantar, sentei ao lado de Hermann Hauser, cuja empresa criou a arquitetura ARM que está nos chips de praticamente todos os celulares. Ele é um bilionário de Silicon Fen, região das empresas de alta tecnologia em Cambridge, na Inglaterra. Hermann me disse:

— Vou explicar como chegamos ao chip perfeito para celulares. Foi um acidente. Sabe o que forneci à minha equipe? Nada de dinheiro, nada de tempo e nada de recursos.

Dadas essas limitações, os engenheiros inventaram um chip com baixo consumo de energia que não era muito bom para computadores, mas acabou sendo perfeito para celulares. Agora ele domina o mercado.

Aceite as suas limitações, independentemente de serem criativas, físicas, econômicas ou autoimpostas. Elas provocam, desafiam, fazem acordar e deixam você mais criativo. Elas te fazem melhor.

---

Meu artista favorito é o escultor Andy Goldsworthy. Ele utiliza matérias-primas naturais para fazer esculturas *in situ*, geralmente ao ar livre. Cada obra é uma tarefa impossivelmente difícil e árdua, um exercício de paciência. Ele quebra o gelo de 2,5 centímetros de espessura que se forma num lago apenas com as mãos, depois trabalha incessantemente para colocar os pedaços numa esfera maior que uma pessoa. Também construiu um muro de pedra que serpenteia ao longo de uma floresta na Escócia. A estrutura começa com um pedregulho e aumenta pelo caminho, terminando com rochas volumosas. Em outro trabalho, Goldsworthy coletou folhas vermelhas, amarrou-as pelas pontas e as pendurou em árvores. Seus projetos voam ao sabor do vento, derretem ao sol ou desmoronam até virar pó. O fato de serem efêmeras aumenta a beleza das obras.

## UMA BREVE LIÇÃO SOBRE LIMITAÇÕES

O que as limitações autoimpostas de Goldsworthy nos ensinam sobre como viver a vida? Ele trabalha com muito pouco, e dessa simplicidade vêm paz e beleza imensas. A maioria das vidas humanas é feita de excesso. Do que você realmente precisa para viver? O que é imprescindível? As pessoas pensam em limitações como abrir mão de algo em vez de ganhar algo. Se você dá o seu Xbox de presente, ganha de volta todas as horas que ele costumava sugar da sua vida. Aceite as limitações. O que você obtém em troca é a arte e o ofício de editar a própria vida, separando o joio do trigo e eliminando o que não é necessário.

---

Foi a restrição daquele *hackathon* de duas semanas que levou à criação do Twitter. E o tamanho de um tweet sempre foi limitado, embora não tenha começado em 140 caracteres.

No início, sabíamos que o limite padrão internacional para mensagens de texto era de 160 caracteres. Isso valia para todas as operadoras no mundo inteiro, devido à largura de banda limitada ou algo técnico do tipo. O único motivo pelo qual as pessoas não falam do limite de 160 caracteres em mensagens de texto hoje em dia é porque agora as operadoras juntam as mensagens de texto quando passam deste limite.

Queríamos que o Twitter fosse agnóstico em termos de dispositivo para que fosse possível ler ou escrever um tweet em qualquer celular vagabundo, sem problemas. Isso significava usar o limite de 160 caracteres que já existia para mensagens de texto. Nesta fase inicial, nós liberamos todos os 160 caracteres, mas automaticamente inseríamos um espaço, uma vírgula e o seu nome de usuário. Você ficava com o que sobrava.

## UM PASSARINHO ME CONTOU

Um dia eu falei com o Jack que tínhamos um problema:

— Espera aí. Não é justo. Algumas pessoas ficam com mais espaço para tuitar, dependendo do tamanho do nome de usuário delas.

— Bem lembrado — respondeu Jack. — Devemos criar um padrão para isso.

Decidimos que 15 caracteres era a quantidade ideal de espaço para o nome de usuário. Depois, em vez de liberar os 145 caracteres restantes para o usuário, demos 140. Apenas escolhemos um número, não houve mágica numerológica alguma. O padrão poderia muito bem ter sido 145, mas foi mais simples fazer com 140. No dia seguinte, Jack mandou um e-mail explicando a todos o novo padrão de 140 caracteres.

Esse limite foi um gancho acidental de publicidade desde o começo. Virou um tremendo mistério. Por que 140? Com este número as pessoas seriam mais criativas? Os repórteres sempre brincavam, dizendo: "Estou empolgado para entrevistá-los, então talvez vá além dos 140 caracteres". A novidade rendeu uma ótima forma de quebrar o gelo, mas as nossas respostas para a pergunta provavelmente eram mais interessantes do que os jornalistas esperavam. Falamos de simplicidade, restrições, acesso universal e do desejo de sermos agnósticos em termos de dispositivo. Era um bom assunto para iniciar o papo.

Além dos motivos práticos, acredito que o tamanho limitado do tweet tenha contribuído para o sucesso do Twitter. Desde o começo, o número de caracteres era uma das características mais amadas, odiadas e comentadas do Twitter. Nos primeiros seis meses, vimos o advento de haicais no Twitter e algo que as pessoas chamavam de "twooshes", atualizações que usavam exatamente 140 caracteres. A limitação era inspiradora, dava

## UMA BREVE LIÇÃO SOBRE LIMITAÇÕES

um ritmo e poesia consistentes ao serviço. E se isso não fosse suficientemente limitador, em 2006 fizemos uma parceria com a revista *Smith* para lançar o projeto Six-Word Memoir (História de Vida em Seis Palavras) no Twitter:

> *Um caractere com caráter limita caracteres.*
>
> — Biz Stone

Cento e quarenta não é um número mágico, mas impor um limite uniu as pessoas. Era um desafio. Você está escrevendo a história da sua vida. Edite durante o processo. Em 140 caracteres, o que vale a pena dizer? Como podemos nos expressar uns para os outros neste espaço? Quanto pode ser dito e quanto é possível deixar no ar? O Twitter não era lugar para diatribes ou monólogos, então qual era o objetivo? O que vale a pena dizer? Do que não precisamos? Esta provocação transformou a todos em criadores de enigmas e poemas.

# 5

## HUMANOS APRENDEM A VOAR EM BANDO

Em março de 2007, fui pela quinta vez à conferência South by Southwest Interactive (SXSWi) em Austin. Na época o evento era conhecido principalmente pelas divisões de cinema e música. A interatividade, que era a minha área, não passava de um bando de nerds deslocados perto dos músicos de jaqueta de couro que faziam check-in e lotavam o saguão dos hotéis. Dizer que nós éramos os modernos seria forçar a barra.

## HUMANOS APRENDEM A VOAR EM BANDO

Mesmo assim, muitos dos geeks da Bay Area de São Francisco foram à SXSW aprender o que estava havendo de novo e encontrar gente de ideias semelhantes. Havia palestras e painéis durante o dia, mas o mais importante acontecia à noite. Sempre tinha uma festa de alguma startup. Apesar do estranho fenômeno em que você precisava viajar 24 mil quilômetros para beber com alguém cujo escritório ficava no mesmo quarteirão que o seu, estas festas eram ótimas para conhecer gente do mesmo ramo que você nunca encontraria na Bay Area porque está trabalhando o tempo todo.

Naquela primavera, muitas pessoas chamavam o Twitter de idiota e inútil. Qual era o objetivo do software que ajudava a compartilhar as minúcias do seu dia? Mas nessa época também havia umas 45 mil pessoas registradas e usando o Twitter. A maioria dos usuários ativos no serviço era dos chamados *early adopters*, os mesmos geeks da Bay Area que adoram experimentar qualquer tecnologia nova pelo simples fato de ser nova.

Nos tempos do Blogger, sempre dávamos uma festa na SXSW, mas o Twitter não era suficientemente estabelecido para justificar algo assim. Enquanto definíamos nossa estratégia para o evento, Evan sugeriu colocar telas nos corredores em vez de na sala de conferências. Foi brilhante. Tradicionalmente, as empresas montam stands numa sala de conferências enorme, mas as visitas anteriores nos ensinaram que a maior parte da ação diurna do festival acontecia nos corredores. O pessoal se reunia ali para conversar sobre as palestras, os produtos que viram, eventos aos quais os amigos iriam e saber qual era a festa boa daquela noite. Eles se sentavam encostados nas paredes com os laptops, para responder e-mails e colocar o trabalho em dia.

## UM PASSARINHO ME CONTOU

Decidimos colocar vários monitores de tela plana nesses corredores. Construiríamos um visualizador de tweets de modo que os frequentadores do festival pudessem ver os tweets sobre o SXSW aparecendo em tempo real.

Ninguém havia colocado telas nos *corredores* da conferência antes. Consultamos a organização do festival várias vezes para negociar o uso do espaço. Nós nunca, jamais pagamos um centavo para divulgar o Twitter, e isso custaria dez mil dólares. Era muito dinheiro para nós na época, mas decidimos que valia a pena gastá-lo.

Antes de irmos, criei um visualizador que mostrava "twitters", como chamávamos os tweets na época, flutuando pelas nuvens como se fossem pássaros. Queríamos que todos os tweets vistos pelos frequentadores fossem sobre o SXSW, mas isso foi antes da existência das hashtags. Então definimos uma função especial: ao mandar uma mensagem de texto "JoinSXSW" para o número 40404, você aceitava entrar para um grupo de pessoas cujos tweets apareceriam nos monitores de tela plana.

Para deixar tudo mais interessante, convidamos uns doze nerds altamente conceituados e usuários frequentes do Twitter para fornecer conteúdo ao grupo. Eram pessoas como Robert Scoble, cujo blog *Scobleizer* fazia um enorme sucesso com o pessoal da nossa área. Quando você entrava no grupo SXSW, automaticamente passava a seguir estes embaixadores ideais do Twitter. Esperávamos que, quando eles começassem a usar o Twitter durante o festival, outras pessoas no saguão notassem os twitters nos monitores, decidissem segui-los e ver as próprias atualizações aparecerem nos corredores.

## HUMANOS APRENDEM A VOAR EM BANDO

Na véspera da abertura da conferência, Jack e eu precisamos instalar os monitores. Nossos laptops pessoais foram preparados para rodar o visualizador, e tivemos que descobrir como conectá-los de modo que o conteúdo de suas telas aparecesse nos grandes monitores de plasma instalados estrategicamente ao longo do corredor. Eles foram montados em grandes unidades audiovisuais portáteis. Esta é uma confissão meio embaraçosa para um magnata da alta tecnologia, mas quando se trata de hardware, mesmo algo simples como equipamento de áudio e vídeo, eu sou totalmente ignorante. Por isto, a tarefa foi muito mais difícil do que deveria. É para usar o "Input 2" ou "Input 3"? O que faço para a imagem aparecer em tela cheia? A resolução estava errada e, além disso, nossos tweets não apareciam.

Às três horas da manhã, ainda estávamos trabalhando nas telas e nem conseguimos jantar. Eu tinha uma mísera barra de cereais Odwalla daquela nojenta, verde, chamada Superfood. Jack e eu a dividimos.

Demorou, mas resolvemos o problema. A transmissão do Twitter finalmente estava funcionando na primeira das oito telas de plasma, e sabíamos o que era preciso fazer para que o resto funcionasse. Decidimos voltar ao saguão de manhã bem cedo para terminar a configuração.

Na manhã seguinte, após quatro horas de sono, Jack e eu chegamos bem cedinho e meio cambaleantes ao saguão, prontos para terminar o trabalho antes dos primeiros participantes começarem a chegar. Só havia um problema: o Twitter não funcionava. Como sempre.

Ele tinha grandes problemas. Nestes primórdios, caíamos tanto que a quantidade de interrupções no serviço virou piada. Havia até um site para lidar com este problema: isTwitterDown.com.

## UM PASSARINHO ME CONTOU

Independentemente de qual fosse o problema da vez, só havia uma pessoa no mundo que poderia consertá-lo: um engenheiro da nossa equipe que se recusava a ter um telefone celular e também não tinha linha fixa. Sem ele, estávamos ferrados.

Aqui estávamos nós, exaustos, no limite das forças em plena sala de conferência. Havia pôsteres nas paredes onde se lia: "mande um SMS contendo 'joinsxsw' para 40404" e as pessoas estavam começando a chegar para os primeiros eventos do dia. Enquanto isso, estávamos abaixados atrás dos computadores, tentando configurar sete conexões com os monitores de tela plana e mexendo nos fios expostos. Eu vestia a primeira camiseta que havia criado para o Twitter. Na primeira versão, a página inicial do site perguntava: "O que você está fazendo?". Por isso a minha roupa da empresa dizia "Usando minha camiseta do Twitter".

Nosso engenheiro estava num sono maravilhoso e sem telefone lá em São Francisco, eu vestia a camiseta "Usando minha camiseta do Twitter" e parecíamos uns idiotas.

Depois de roer as unhas por algumas horas, finalmente conseguimos fazer tudo funcionar. O monitor ficou exatamente como planejávamos e o visualizador era a primeira coisa que se notava quando se entrava no saguão. Era possível tweetar, esperar um pouco e depois ver o que você escreveu flutuando em todos os monitores, com um cenário de nuvens animadas ao fundo. O pessoal da SXSW pareceu entender.

Missão cumprida: nossos dez mil dólares de marketing foram bem gastos. Poderíamos ter saído por cima já, mas ainda havia mais.

## HUMANOS APRENDEM A VOAR EM BANDO

No segundo dia da conferência, eu estava assistindo a uma palestra sobre algum aspecto da tecnologia. O auditório estava lotado e só consegui lugar lá no fundo. Quando dei uma olhada nos laptops abertos dos colegas, observei que todo mundo estava com o Twitter.com aberto. Todos usavam o nosso site! Uau. Os monitores e os tweeters de alto nível haviam funcionado. O Twitter tomou conta do evento. Este era o primeiro sinal de que estávamos fazendo algo grande. E teria sido o bastante.

Porém, depois de algum tempo de palestra transcorrida, as pessoas começaram a se levantar e sair do auditório. Era como se tivessem ouvido um anúncio pelo alto-falante dando a ordem, mas não foi o caso. Eu olhei a hora e ainda faltavam 40 minutos para terminar. Por que todos estavam indo embora? Eu tinha perdido algo? Era muito estranho.

Só depois descobri que o motivo do sumiço coletivo fora... o Twitter. Não houve anúncio em alto-falante, mas houve um tweet. Alguém tinha comentado que a palestra realizada na sala da frente estava incrível. Este tweet foi rapidamente confirmado por vários outros, no que depois seria oficialmente chamado de "retweet". As informações sobre a palestra se espalharam tão rapidamente nos celulares e laptops que a multidão decidiu quase simultaneamente abandonar a discussão em prol desta palestra "imperdível" na outra sala.

Quando ouvi esta história fiquei estupefato, mas foi o próximo caso que realmente arrepiou os pelos da minha nuca.

Aquela noite teve várias festas e muitos bares lotados. Alguém que estava num pub particularmente cheio queria saber no que os amigos e colegas estavam trabalhando, mas havia barulho demais no local. Então ele mandou um tweet para os seguidores dizendo que se alguém quisesse ter uma conversa

## UM PASSARINHO ME CONTOU

mais tranquila, deveria encontrá-lo em outro pub, um que ele sabia que costumava ficar bem vazio. E citou o nome do pub no tweet.

Nos oito minutos que este cara levou para ir até o pub que tinha sugerido, centenas de pessoas fizeram o mesmo, saindo dos bares da vizinhança. Quando chegou lá, o pub não só estava lotado como havia uma imensa fila para entrar. O plano tinha fracassado.

O que aconteceu? Os seguidores do cara acharam uma boa ideia o tweet enviado por ele, então retweetaram aos seus seguidores e assim sucessivamente, gerando o efeito bola de neve de criar um enxame de humanos em tempo real que apareceu neste pub inocente numa quantidade de tempo incrivelmente pequena.

Quando ouvi essa história, pensei num bando de pássaros voando ao redor de um poste de luz ou mastro de navio. Quando pássaros encontram um obstáculo, eles parecem virar um só organismo por alguns segundos. Um bando que se move unificado ao redor de um obstáculo parece incrivelmente hábil, quase coreografado, mas não é. A mecânica do ato de voar em bando é muito simples: cada pássaro observa o vizinho ao lado e apenas segue aquele ponto. O Twitter estava criando o mesmo efeito. A comunicação simples em tempo real permitiu que muitos subitamente virassem um só por alguns segundos e depois, com a mesma rapidez, voltassem a ser indivíduos.

———

As pessoas que foram ao SXSW eram do tipo que usavam o Twitter ativamente, então essa conferência gerou uma quantidade anormalmente grande de usuários para um produto em fase tão

## HUMANOS APRENDEM A VOAR EM BANDO

incipiente. Foi a primeira vez em que testemunhamos o Twitter "em ambiente real". Até então era apenas a brincadeira de um grupo de amigos. Essas duas histórias (o êxodo em massa da palestra e a afluência de pessoas no bar) ligaram um interruptor na minha cabeça e mudaram para sempre a minha forma de enxergar o potencial do Twitter. Agora eu tinha percebido como as pessoas em geral usavam o serviço, e isso foi um divisor de águas.

O voo em bando, o aprendizado e o fenômeno chamado *emergência*, no qual muitos animais parecem virar um "superrorganismo" bem mais inteligente e capaz do que qualquer um de seus indivíduos são comuns na natureza. Este pensamento grupal é encontrado em pássaros, peixes, bactérias e insetos, mas se você já tentou andar numa estação lotada do metrô, viu imagens de Woodstock ou ligou a TV no canal C-SPAN, sabe que os seres humanos não voam em bando naturalmente. Agora, pela primeira vez, o Twitter, como nova forma de comunicação, permitia que os *humanos* voassem em bando, fornecendo um modo inteiramente novo de conexão entre os integrantes da nossa espécie. O exemplo daquela noite foi apenas um bando de pessoas decidindo ir para um bar diferente, mas e se fosse algo mais importante? E se fosse um desastre? E se fosse uma causa justa?

Todos esses pensamentos passaram pela minha cabeça quando ouvi a história da invasão-relâmpago ao pub. O Twitter era maior do que tínhamos imaginado. Com todas as falhas e vulnerabilidades, nossa pequena equipe criou algo que o mundo não sabia de que precisava até ter aparecido. Inventamos uma forma diferente de comunicação, cujo potencial apenas começava a ser descoberto. Se o Twitter fosse um triunfo, não seria um triunfo da tecnologia, mas sim da humanidade. Eu nunca tinha pensado na tecnologia (ou nos negócios em geral) nestes termos. De repente vi que o sucesso vinha na forma pela qual as pessoas usavam as ferramentas que recebiam.

---

Estávamos voando alto, digamos assim, quando, no final da conferência, fomos assistir à entrega da premiação SXSW Interactive Awards, em que várias empresas recebiam prêmios como Melhor Apresentação, Escolha da Audiência, Tendência mais Promissora e outras categorias do tipo. Evan, Jack e eu estávamos na fila para assistir à cerimônia quando um pensamento me ocorreu:

— Esperem — falei. — E se a gente ganhar um prêmio?

Por vários anos eu havia ficado anonimamente na plateia durante a cerimônia, mas nos últimos dias o Twitter tinha virado a garota mais bonita do baile. Não havia indicações prévias a estes prêmios, então como saber o que poderia acontecer?

— Se ganharmos algo, vamos ter que fazer um discurso — ponderei.

Ev respondeu:

— Tem razão. Devemos ter algo pronto caso a gente ganhe. Jack será o nosso porta-voz e você escreve.

Escrever um discurso? Estávamos literalmente em pé na porta da cerimônia de entrega dos prêmios. Era impossível.

Então pensei: *Não vou conseguir fazer um discurso verdadeiramente bom. Então o que posso escrever nos próximos três minutos que seja considerado tão inteligente quanto algo mais elaborado?*

---

## HUMANOS APRENDEM A VOAR EM BANDO

Por mais improvável que pareça, eu já tinha vivido esta situação. Durante o último ano de ensino médio, me inscrevi numa aula de humanidades*. O conteúdo era estruturado em torno de um projeto que duraria o ano inteiro: um texto substancial sobre um assunto da minha preferência. Como vou explicar depois, eu tinha a política de não fazer dever de casa, mas este tipo de projeto precisava ser feito. Afinal, a nota seria baseada neste único trabalho, que deveria ser entregue no fim do ano. Esta era uma configuração horrível para o grande procrastinador que eu era.

No dia marcado para a entrega, depois de teoricamente um ano de trabalho, eu não tinha feito absolutamente nada. Zero. Mas não queria tirar um F!

Fui para a aula e, enquanto todos entregavam seus artigos, disse à professora:

— Esqueci o meu em casa, em cima da mesa. Posso pegá-lo agora ou trazê-lo amanhã.

Ela respondeu:

— Você teve um ano para fazer isso. Se entregar amanhã, vou diminuir a nota.

O artigo que valia A, valeria B. Se eu tivesse feito o trabalho, certamente correria até minha casa para buscá-lo, mas como já tinha um F, qualquer nota maior que esta seria lucro. Então respondi:

— Se você acha justo, tudo bem. Vou trazer amanhã.

---

\* O sistema educacional norte-americano permite que escolas de ensino médio ofereçam aulas interdisciplinares de humanidades, geralmente englobando Inglês, Literatura, Filosofia e Artes.

Como já discutimos aqui, a limitação gera criatividade. Naquela noite eu pensei muito em algo que poderia ser feito em uma hora e parecesse ter sido produzido em um ano. O que seria fisicamente leve, mas daria a impressão de ter exigido muito tempo e esforço para ser feito?

Aha! Descobri: uma peça! Peças são feitas de diálogos, a epítome da escrita leve (minhas desculpas a Chekhov e outros).

Naquela noite, escrevi uma peça sobre dois homens de meia-idade que jogavam um tipo de basquete chamado Volta ao Mundo, que funcionava da seguinte forma: os jogadores dão uma série de arremessos de uma sequência de pontos num semicírculo da quadra. Se você fizer cesta, avança para o próximo ponto. Se errar, precisa escolher: fica onde está ou arrisca outro arremesso. Se conseguir acertar este arremesso bônus, você avança, mas se errar, volta para o começo do jogo.

Estes homens de meia-idade eram amigos desde o ensino médio. Agora, um deles era o CEO da World Wide Industries, Inc., rico e bem-sucedido. O outro tinha um trabalho sem perspectiva de progresso, pintando casas ou algo assim. Eles conversavam sem parar, falando dos filhos e basicamente relembrando os tempos de escola (como eu estava no último ano do ensino médio, isso caía na categoria "escreva sobre o que você conhece").

Enquanto eles batiam papo e jogavam, o homem bem-sucedido sempre assumia o risco do arremesso bônus, avançava pela quadra e estava ganhando. Já o amigo sem tanto sucesso não saía do canto. Quando errava, ele não arriscava o arremesso bônus. No fim do jogo, o rico vence e diz:

— Quer jogar de novo?

Este era o fim da peça.

## HUMANOS APRENDEM A VOAR EM BANDO

O subtexto óbvio era que correr riscos gerava sucesso. Ainda na escola eu já adotava a filosofia que me seria útil depois na vida. Era uma atitude bem empreendedora, eu só não sabia disso na época.

Entreguei a peça no dia seguinte. Teria recebido um A, mas como perdi o prazo, ganhei um B. O que salvou a minha nota foi ter tido a ideia certa (claro que neste caso a imensa restrição de tempo foi causada pela minha procrastinação, mas às vezes, como já falei, a restrição pode ser motivadora).

Agora eu precisava da ideia certa para o discurso de aceitação do prêmio a ser feito pelo Jack, e ela veio diretamente da criatividade gerada pela restrição.

— Já sei! — exclamei — Vamos fazer o seguinte...

Na minha lembrança, foi logo a seguir que Jack, Ev, nosso bom amigo Jason Goldman e eu estávamos no palco aceitando um SXSWi Web Award. Jack foi ao microfone e disse:

— Gostaríamos de agradecer a vocês em até cento e quarenta caracteres. E acabamos de fazer isso!

Foi um discurso de 94 caracteres que fez história, pelo menos para nós.

---

Nossa equipe tinha posto várias facetas do trabalho no Twitter, como inspiração, paixão e criatividade, mas o que vi na SXSW foi maior do que a soma destas partes. Uma vez disponível, as pessoas instintivamente sabiam como usar o nosso serviço do Twitter e nos guiaram como grupo. Nosso trabalho daqui em diante seria ouvi-los para criar e manter um serviço que desse apoio ao instinto desse grupo. Era inspirador e uma lição de humildade.

Nos anos seguintes, veríamos histórias de usuários do Twitter que superariam estas do SXSW em várias ordens de grandeza, mas sempre vou me lembrar daquele março de 2007 como um momento decisivo para o Twitter e o que eu sonhava para ele.

---

Quando voltamos do SXSW, Evan, Jack e eu fundamos a empresa Twitter, Inc.

Evan e eu fomos almoçar com nosso amigo do Blogger Jason Goldman, que já tinha entrado no Twitter ou estava prestes a fazê-lo. Evan queria um tempo de folga, pois não tirava férias desde que tinha criado o Blogger, depois a Odeo e agora o Twitter. Ele desejava mesmo era fugir para uma estação de esqui por um ano, mas antes de ir, queria garantir que a liderança do Twitter estava definida para poder relaxar.

Naquele almoço, comemos hambúrgueres vegetarianos e falamos sobre quem deveria ser o CEO.

Evan disse:

— Acho que serei o CEO interino.

Fazia sentido. Ele era o fundador, teve um risco financeiro maior na empreitada e foi nosso líder na Odeo. Era uma transição natural. Mesmo assim, contestei:

— Se você quer mesmo ser CEO, não devia ser CEO interino. Isso é besteira. Por que não tomamos uma decisão? Vamos nomear o Jack como CEO real, nada dessa palhaçada de interino.

Goldman discordou. Ele achava que Ev deveria ser o CEO, mas àquela altura Evan não queria isso.

## HUMANOS APRENDEM A VOAR EM BANDO

Defendi o Jack, com quem havia trabalhado para criar o protótipo do Twitter. Este era o nosso filhote. Por algum tempo, Noah Glass assumiu o comando da empresa, mas depois de trabalhar com Noah, Jack ameaçou sair. Então Ev demitiu o Noah e me colocou de volta com o Jack. Nunca havia pensado em assumir o papel de CEO. Sempre me considerei um ator coadjuvante. Meu melhor talento era ajudar as pessoas. Por isso falei:

— Jack é o cara que faz a maior parte da programação. Eu estou criando todo o design. Nós somos os fundadores.

Jason questionou:

— Acha que ele consegue fazer isso?

Eu argumentei:

— Aqui não é igual à General Motors. Nós somos sete pessoas.

Naquele momento, ser CEO significava assinar a papelada com as opções dos funcionários, fornecer uma boa liderança através do exemplo e cobrar para que o trabalho fosse feito. Embora Goldman achasse um erro, Evan fechou a questão:

— Está certo, você tem razão. Pergunte ao Jack o que ele acha.

De volta ao escritório, fui procurar o Jack:

— Oi, Jack. Falei para o Ev que você deveria ser o CEO.

— Eu? — Jack girou em sua cadeira.

— Isso. Era ou o Evan como CEO interino ou você como CEO de verdade.

Jack foi pego de surpresa. Assim, de cara, ele não sabia se queria, e pediu um tempo para pensar. No dia seguinte, decidiu:

— Parece ótimo. Eu topo.

Separamos oficialmente a empresa da Obvious e Jack virou o CEO do Twitter. Eu era diretor criativo. Algum momento depois, Ev falou:

## UM PASSARINHO ME CONTOU

— Muito bem, garotos, divirtam-se.

E foi embora, mas ainda tinha a maior fatia da empresa e fazia parte da diretoria.

---

Em março, antes do lançamento na SXSW, tínhamos sete funcionários e 45 mil usuários registrados. No final do ano, apenas nove meses depois, tínhamos 16 funcionários e 685 mil usuários. Na época, 685 mil era muita gente, considerando a quantidade de anos que o Blogger levou para chegar a um milhão. No mundo dos feeds de notícia hiperconectados de hoje, um app pode adquirir um milhão de usuários em uma semana, mas na época era preciso entrar na briga por um lugar ao sol, confiando no bom e velho boca a boca.

---

A SXSW teve consequências de tirar o fôlego. O Twitter me ensinou que o comportamento humano é infinitamente expansível. A tecnologia dele não ensinou os humanos a voar em bando, apenas expôs a nossa capacidade latente para fazê-lo. É sensacional! O fenômeno ia além da mentalidade de manada induzida pela tecnologia. Cada um de nós, pássaros, conseguiu uma nova sintonia tanto com os pássaros voando ao redor quanto com a proximidade dos outros pássaros. Todos nós passamos a enxergar onde estávamos no mundo, em tempo real e no meio do voo.

# 6

## FELIZES PARA SEMPRE

Na primavera de 2007, depois da conferência South by Southwest em Austin, finalmente tive a sensação de que valeu a pena ter corrido tantos riscos. O Twitter iria decolar. Eu estava comprometido com ele, e parecia que Livy e eu iríamos nos estabelecer naquela casinha de Berkeley por algum tempo. Então me dei conta de que estávamos namorando há dez anos.

Foi preciso dar algumas voltas para encontrar um projeto que eu amasse, mas sempre houve um investimento emocional de que nunca duvidei: Livia.

## UM PASSARINHO ME CONTOU

Quando trabalhei com Steve Snider na Little, Brown eu estava solteiro. E nem cogitava namorar alguém. Só o trabalho me interessava. Fazia longas caminhadas e pensava em vários assuntos. Acho que nunca soube muito bem como funcionava esse negócio de amor. Eu tinha lá os meus talentos, mas às vezes era totalmente ingênuo. Um dia, Steve Snider e eu paramos numa lanchonete a caminho do trabalho. Olhamos o cardápio, e quando o garçom chegou eu pedi "dois ovos de qualquer jeito"*. O garçom riu, Steve riu e fiquei lá sentado tentando entender qual era a graça.

Meus amigos começaram a falar:

— Você tem que sair mais, cara. Já está com 19 anos. Precisa de uma namorada.

Até o Steve Snider dizia:

— Você é novo e tem boa aparência. Devia conhecer alguém.

Todos estavam me perturbando com isso, até que falei:

— Tudo bem. Eu topo. Assim que conhecer uma garota legal, vou convidá-la para sair.

Pouco tempo depois, fui jantar com a família do Steve num restaurante chamado Paparazzi (ótimo nome se você faz questão que ninguém com um mínimo de fama jamais ponha os pés lá). No dia seguinte, Steve comentou no escritório:

— A recepcionista do restaurante era bonita. Por que você não volta lá e a convida para sair?

Não tinha certeza se era uma boa ideia. Eu deveria entrar no restaurante e chamá-la para sair, simplesmente? Segundo Steve, era exatamente isso.

---

* "Two eggs any style", significando que os dois ovos em questão seriam preparados no estilo a ser definido pelo cliente (cozidos, fritos, mexidos, etc.).

## FELIZES PARA SEMPRE

— Mas parece tão... direto — contestei.

— É assim que as pessoas fazem — explicou Steve.

Então, no dia seguinte, voltei ao Paparazzi na hora do almoço, meio que esperando que a garota não estivesse lá. Assim, poderia dizer ao Steve que havia tentado e ficaria tudo por isso mesmo. Mas quando entrei no restaurante, lá estava ela, loura e bonita.

Mas espere aí. Eu não tinha um plano. Precisava de um plano! Saí do restaurante.

Adoro filmes, e na época eu adorava especificamente ir a um cinema chamado West Newton Cinema, que tinha decoração antiga e exibia filmes de arte. Parecia um lugar decente para levar uma possível namorada. Eu a convidaria para ver um filme no West Newton Cinema. Pronto, já tinha um plano. Voltei ao restaurante.

— Posso ajudar? — perguntou ela.

— Eu jantei aqui há alguns dias com o meu chefe e a família dele, e te vi... Você mora em Newton?

Ela me lançou um olhar desconfiado:

— Sim. Como você sabe que eu moro em Newton?

Não estávamos em Newton. Bastou uma frase para ela me achar um maníaco que a perseguia. Comecei mal. Por um momento pensei em sair do restaurante.

— Não, eu não sabia onde você morava. Foi só uma coincidência. Estou tentando convidar você para ver um filme no West Newton Cinema — expliquei.

— Ah, sim. Mas eu tenho namorado — respondeu ela.

Um namorado! Era óbvio. Dã. Nunca me ocorreu que este suposto namorado poderia ser uma tática inventada para evitar convites indesejáveis, pois estava ocupado demais tentando entender as nuances deste novo e estranho mundo.

## UM PASSARINHO ME CONTOU

Ouvi ao fundo uma amiga dela dizer "ah", no sentido de *Não é uma gracinha? Ele achou mesmo que teria alguma chance com você!*

— Tudo bem. Obrigado pelo seu tempo — agradeci.

Minha primeira tentativa falhou, mas em vez de ficar assustado, ganhei coragem. *Este* era o pior cenário possível? Foi esquisito, mas nem foi tão ruim assim. Agora eu tinha uma missão.

Pouco tempo depois da tentativa fracassada com a recepcionista do Paparazzi, uma moça que trabalhava no departamento editorial infantil da Little, Brown foi ao escritório do Steve entregar algo. Ela usava uma jaqueta militar largona, prendia o cabelo comprido e escuro e parecia melancólica. Gostei dela na hora.

A moça pediu para o Steve assinar algo, pegou a assinatura e foi embora.

Apontei para a porta e disse:

— Uaaaau. Acho que gamei.

— Nela? — perguntou o Steve.

— É.

— E a menina que trabalha no jurídico?

A máquina Photostat que usávamos para copiar fotos ficava numa sala escura e minúscula com uma porta giratória que não deixava a luz entrar. Era tão apertado lá que havia um aviso na entrada dizendo "Apenas uma pessoa por vez". Às vezes, quando estava trabalhando lá, a mulher de quem Steve falou batia e entrava, dizendo algo como:

— É tão apertado e escuro aqui.

Eu respondia:

— É, eu sei. Não é melhor você sair?

Esse era eu. Totalmente ingênuo, Mas agora falei para o Steve:

## FELIZES PARA SEMPRE

— Quem? Não, eu gostei foi *dela*. — Da garota da jaqueta militar largona.

Então eu corajosamente desci para o escritório que Livia (este era o nome da moça) dividia com o chefe. Fiz um convite para almoçar e ela aceitou. Mas... Aí está o problema: ela insistiu em levar o chefe. Digamos que a moça não estava otimista quanto ao nosso futuro.

Marcamos o almoço, mas nesse meio tempo achei uma desculpa para voltar ao escritório dela, como as pessoas que têm uma queda por alguém da mesma empresa sempre dão um jeito de fazer. Livia não estava lá, mas notei que ela deixou um post-it colado no computador que dividia com o chefe dizendo: "Ei, quando você me vai me apresentar alguém para sair conforme tinha prometido?".

Isto era definitivamente um sinal, e não era dos bons. A moça já tinha convidado o chefe para se juntar a nós no encontro e agora estava diretamente procurando outras opções. Ela queria sair com *alguém*, só não era *comigo*. Depois soube que ela me achava seguro demais no trabalho e que eu seria arrogante e presunçoso. É verdade. Eu tinha segurança quando se tratava de trabalho, mas estava longe de ser confiante quando o assunto era sair com uma garota.

E lá fomos nós fazer uma refeição aconchegante e íntima numa mesa para três. Para surpresa de Livia, eu não era um babaca. Na verdade, comportei-me da melhor forma possível: fui engraçado, encantador e gentil. Ela concordou em sair comigo de novo, desta vez sem o chefe. Estava realmente fazendo progresso.

Não demorou muito para Livy e eu começarmos a namorar sério. Ela me acompanhou quando fui para Nova York criar a Xanga e para Los Angeles quando achei que poderia ser diretor de cinema. Depois voltamos a Boston quando vendi um livro sobre blogs para uma editora. No momento de ir para a costa oeste trabalhar no Google, ela achou que seria uma ótima oportunidade e uma bela aventura. Quando decidi sair do Google, ela me deu apoio, mesmo que sempre estivéssemos preocupados com dinheiro. Livia sempre entendeu o que era importante para mim e me ajudou em decisões realmente difíceis. Não importa onde estivéssemos, ela sempre arrumava emprego numa editora ou revista, até que começou a escrever os próprios livros sobre trabalhos manuais, como costura, cerâmica e vitrais. É um clichê, eu sei, mas Livy sempre ficou ao meu lado e eu não teria conseguido nada sem ela.

Posso ter sido ingênuo em termos de namoro e relacionamentos, mas não deixei que isso me impedisse de arriscar. O que poderia acontecer de pior? A garota dizer que já tinha namorado? Ficar tão desinteressada a ponto de levar alguém para segurar vela? Mesmo se eu falhasse, seria um pouco menos ingênuo da próxima vez.

Quando se trata de assumir riscos, muitos de nós vacilamos. É natural criarmos redes de segurança. É comum eu encontrar empreendedores que dizem estar aturando o emprego enquanto trabalham em suas paixões à noite. É claro, eles precisam alimentar a família. O problema é que você não pode chegar ao melhor cenário possível se não estiver disposto a aceitar o pior cenário possível. Se for para alcançar o potencial com o qual você sonha, é preciso se concentrar totalmente na sua verdadeira vocação. A disposição para assumir riscos é o caminho para o sucesso.

***

*Gattaca – A experiência genética* é um filme de ficção científica sobre um futuro meio distópico em que a tecnologia reprodutiva é utilizada por quem pode pagar para criar pessoas geneti-

## FELIZES PARA SEMPRE

camente ideais. Vincent (Ethan Hawke) e Anton (Loren Dean) são irmãos, mas Vincent foi concebido sem os recursos para escolher a genética superior, enquanto Anton é geneticamente perfeito. Ao longo da vida, Anton é melhor do que Vincent em praticamente tudo. Muitas loucuras acontecem no filme, mas a questão é que há uma cena em que Vincent desafia Anton para ver quem nada mais rápido, uma versão do "jogo da covardia" que costumavam brincar quando crianças. Os dois nadam para bem longe em mar aberto. O primeiro a desistir e voltar para a costa, perde. Vincent ganha. Anton pergunta como Vincent conseguiu vencê-lo, afinal Anton é muito mais forte e geneticamente superior. Vincent explica que gastou todas as suas forças naquele mar. Ele não guardou nada para a viagem de volta. Isto foi uma revelação para Anton: ele é mais forte, mas foi conservador e preferiu se segurar em vez de dar tudo de si. Vincent, por outro lado, estava disposto a correr o risco de afogamento para vencer.

Há uma lição maravilhosa a ser aprendida com a decisão de Vincent. Para ser espetacularmente bem-sucedido, você precisa estar pronto para fracassar espetacularmente. Em outras palavras, é preciso estar disposto a morrer para conquistar seus objetivos. No sentido figurado, é claro.

O que estou sugerindo é que você aceite o lado positivo do fracasso épico, fantástico e arrasador que pode mudar a sua vida. Valerá muito a pena se você for bem-sucedido e, se fracassar, terá uma ótima história para contar, além da experiência que lhe dará uma bela vantagem na próxima tentativa. É uma boa lição para startups em geral e também para correr atrás do que você realmente quer. É como se houvesse uma força natural de igualdade em jogo. Se você realmente quiser fazer muito sucesso, precisa estar disposto ao risco do grande fracasso.

## UM PASSARINHO ME CONTOU

Já foi amplamente divulgado que noventa por cento das star-tups de tecnologia fracassam. Todo empreendedor de qualquer área assume risco, e mesmo os mais bem-sucedidos enfrentam períodos de ambiguidade ou quase fracasso. Por exemplo, a Pixar fazia parte da divisão de computadores da Lucasfilm, desenvolvendo tecnologias em computação gráfica e animação. Como ela não tinha encontrado o rumo quando Lucas precisou de dinheiro para o divórcio, ele decidiu se livrar da empresa, vendendo-a para Steve Jobs por cinco milhões de dólares. Os animadores da Pixar queriam produzir filmes em computação gráfica há muito tempo, mas os custos de fazer uma animação computadorizada eram altos demais. Jobs acreditou no sonho deles. Vinte anos depois, o dono da Apple vendeu a Pixar por 7,4 bilhões de dólares.

———

Quando eu estava no ensino médio, fiz aula de ginástica. Queria aprender a dar um salto de ginástica chamado back handspring. É como um mortal para trás, só que as mãos tocam o chão durante o processo. Eu via outras crianças fazendo isso e descobri que o certo era pular para trás e cair com as mãos no chão, mas não conseguia dar impulso suficiente no pulo. Eu ficava com medo, virava e caía de lado. Não conseguia fazer, sempre errava. O professor, vendo minhas tentativas infrutíferas, disse:

— Deixe-me contar o segredo desta manobra. Ela é mais fácil do que parece. Na verdade, nem exige tanto esforço. Você precisa fazer o seguinte.

Ele me levou para um colchonete e disse:

## FELIZES PARA SEMPRE

— Fique em pé com os braços levantados e as palmas das mãos abertas.

Levantei os braços e abri as mãos.

— Agora incline o corpo como se fosse sentar, dobre as costas e se deixe cair até não conseguir mais voltar. Mantenha os braços esticados. Quando sentir os dedos tocarem o chão, dê um impulso com os dedões dos pés. O segredo é estar disposto a cair além do ponto de controle. Se você conseguir assumir esse risco, pode fazer o back handspring com pouquíssimo esforço.

Fiz exatamente o que ele me ensinou, e deu certo. Quando passava do ponto em que não havia mais volta, era fácil.

O mesmo vale para fazer uma grande mudança na vida. Chamar uma garota para sair, especialmente se ela trouxer alguém para segurar vela, significa o risco de fracasso e constrangimento. Largar o emprego, especialmente se isso significa deixar para trás opções de ações valiosas, significa o risco de ruína financeira e ainda mais fracasso. Mas não é fantástico quando dá certo? Fiquei estupefato quando consegui fazer o back handspring. Era tudo uma questão de estar disposto a fracassar, exatamente como em *Gattaca*.

---

Um dos principais motivos das quedas constantes do Twitter era o fato de ter sido originalmente feito às pressas, como um grande programa bagunçado. Por não ter uma arquitetura distribuída, ele era como um castelo de cartas: se alguma peça saísse do lugar, caía tudo. E sempre que queríamos descobrir o problema, era preciso verificar o sistema inteiro. Perdíamos

## UM PASSARINHO ME CONTOU

horas fazendo estudos detalhados, localizávamos a parte problemática e depois precisávamos determinar quem fez aquela parte do programa. Se a pessoa estivesse doente, azar o nosso. Assim, estávamos decepcionando os usuários do Twitter e sendo duramente criticados pela imprensa.

Um belo dia eu estava vendo um episódio antigo de *Jornada nas Estrelas: Voyager* chamado *Demon* e tive uma ideia. A estação espacial estava quase sem combustível e o capitão manda acionar o "modo cinza", que significa desligar todos os sistemas não essenciais para usar o mínimo de energia possível. Basicamente, eles estavam respirando por aparelhos.

Todos os sistemas da *Voyager* são compartimentados: eles podem desligar pedaços à vontade que a nave continua a funcionar (eu deveria acrescentar que esta é uma revelação um tanto óbvia). A forma pela qual construímos o Twitter não era a ideal, mas não chegava a ser um erro. Não planejávamos o imenso sucesso que veio em ondas cada vez maiores, e nem deveríamos. É melhor ir crescendo aos poucos e no ambiente real do que levar anos para aperfeiçoar o serviço antes mesmo de saber se vai dar certo.

Fui trabalhar no dia seguinte determinado a sugerir uma nova abordagem para resolver as falhas do Twitter. Jason Goldman veio do Blogger para ser VP de desenvolvimento de produto e braço direito do Evan. Para a minha sorte, Jason também era nerd de *Jornada nas Estrelas* (nós dois somos Trekkies), então perguntei:

— Podemos separar elementos do nosso sistema em partes diferentes, como registro, atualizações e algumas requisições ao servidor, de modo que se uma parte está com problemas, podemos desligar apenas ela e deixar pelo menos algo funcio-

# FELIZES PARA SEMPRE

nando? Assim a gente não vai cair totalmente sempre que algo der problema. Daria para ver pelo menos a página inicial e para tweetar. Seria possível criar um modo cinza?

A resposta era sim. Naquela mesma semana criamos uma versão rudimentar dos recursos compartimentados. Agora não era mais necessário parar completamente a cada probleminha. *Jornada nas Estrelas*: unindo o útil ao agradável.

---

Um dos grandes fracassos do Twitter era o arremedo de plataforma. Em 2007, lançamos nossa plataforma própria: uma coleção de APIs (Application Programming Interface) que permitia a desenvolvedores terceiros usarem a tecnologia do Twitter. Adoramos a ideia de convidar outras pessoas para criarem apps que melhorariam ou complementariam o Twitter, mas não refletimos o suficiente sobre isso.

Assim que lançamos a plataforma, surgiram toneladas de novos apps para o Twitter, mas a fartura de opções prejudicava a experiência do usuário. E permitir que todos esses apps fizessem requisições basicamente ilimitadas ao nosso servidor causava muitos danos ao serviço. Esse era o principal motivo dos problemas de estabilidade do Twitter. A plataforma para desenvolvedores era pesada, cara e geralmente contribuía para derrubar o Twitter.

Quando o Facebook surgiu com a sua plataforma f8 acredito que houve o mesmo tipo de problema. Nos primeiros seis meses, Catherine Rampell do *Washington Post* disse que sete mil novos apps tinham sido lançados. Era uma quantidade avassaladora, e o Facebook teve que recuar, provavelmente acrescentando regras e restrições de forma lenta e gradual. Agora, a maioria dos apps no Facebook é feita pelo próprio Facebook.

## UM PASSARINHO ME CONTOU

Ao criar capas de livros para a editora, aprendi que a capa perfeita satisfaz múltiplos critérios, agradando aos departamentos de design, editorial e de vendas. Da mesma forma, uma plataforma de software bem-sucedida deve acima de tudo servir aos consumidores. Depois, deve enriquecer a comunidade desenvolvedora de modo que eles possam se sustentar criando projetos divertidos baseados em partes do nosso código que decidimos tornar públicas. Por fim, ela deve realimentar o valor geral do Twitter para melhorá-lo como empresa e como serviço. Esses objetivos deveriam ter determinado o nosso lançamento, mas optamos por abrir as comportas e, quando precisamos fechar algumas delas depois, aborrecemos um bocado de gente.

---

Não estávamos com o olho na bola. Poderíamos ter começado devagar, lançando opções específicas para os desenvolvedores trabalharem, transformando para os usuários o processo de descobrir contas para seguir (que não descobririam de outra forma) em algo prazeroso e fácil. Mas não fizemos uma abordagem calculada e crítica. O resultado prejudicou o serviço, bem como os usuários e desenvolvedores independentes. Alguns fracassos não são riscos mal calculados, apenas erros, pura e simplesmente. Tudo o que podemos fazer é ser honestos em relação a eles e aprender com estes erros.

---

Depois da SXSW, quando percebi que Livia e eu estávamos juntos há tanto tempo, comentei:

## FELIZES PARA SEMPRE

— Sabe de uma coisa? A gente devia se casar.

— Cê jura.

Aparentemente, ela estava dando indiretas há um tempo. Frases como:

— Olha, eles vão se casar e namoram há menos tempo que a gente.

Sutil, não é? Mas, como sempre, eu fui ingênuo e não percebi.

Mesmo assim, incentivado pela resposta promissora, embora um tanto grosseira, aceitei o desafio. Depois de fazer uma palestra no Ames Research Center da NASA, comprei um desses anéis bregas que mudam de cor segundo o humor de quem usa para servir de aliança temporária de noivado.

A princípio, Livia e eu pretendíamos nos casar sem que ninguém soubesse. Simplesmente não queríamos o trabalho de uma festa de casamento, e descobrimos uma linda pousada no litoral de Mendocino, Califórnia. Sei lá como, mas algumas dezenas de amigos apareceram para ser nossas "testemunhas" e acabou sendo um meio-termo entre um casamento às escondidas e uma cerimônia comum que deixou a família de fora. Assim, tivemos a mágica de um casamento fácil e toda uma vida de parentes decepcionados e furiosos que se sentiram traídos e abandonados.

Mesmo assim, em junho de 2007, fizemos uma bela cerimônia num jardim que ficava num penhasco à beira do Pacífico. Logo no começo, meu amigo Dunstan fez uma foto com uma Polaroid, que virou a minha favorita do casamento. Eu estava usando meu terno de linho, jogando a cabeça um pouco para trás e com um enorme sorriso. Minha esposa usava um vestido de gala vintage da década de 1920, mas não dá para ver o rosto dela, que está com a cabeça baixa e apoiada nas mãos.

Embora eu pareça ser o cara mais feliz do mundo, a linguagem corporal da minha esposa sugere uma mulher que acabou de cometer o pior erro da sua vida. Como se estivesse dizendo para si mesma "O que eu fiz?". Eu lhe garanti que algumas das melhores coisas na vida surgem de erros. Na verdade, Benjamin Franklin disse: "Levando tudo em conta, talvez a história dos erros da humanidade seja mais valiosa e interessante do que a de suas descobertas."

Eu e minha esposa estamos casados e felizes até hoje. Até onde sei, pelo menos.

# 7

## UM VIVA PARA A BALEIA

Nos primeiros anos depois da explosão do Twitter na SXSW, o serviço teve sérios problemas de conectividade. Nós caíamos. E muito.

As empresas gostam de apresentar uma imagem de perfeição: "Temos os melhores preços!", "Fazemos o melhor trabalho!", "Somos incríveis!", "Você deve nos escolher!", "Somos mundialmente famosos na Polônia!". Isso é normal, embora também seja

## UM PASSARINHO ME CONTOU

pouco ousado e muito forçado. E se você fracassar? Ou tiver um sucesso parcial? Vai continuar mandando essas mensagens incansavelmente positivas? Ninguém quer anunciar os fracassos, mas escondê-los é de certa forma uma ilusão. Isso me traz ao valor da vulnerabilidade. Ao deixar os outros entenderem que você é um ser humano igual a eles (passional, mas imperfeito), acaba recebendo boa vontade em troca.

Vejamos o ator Harrison Ford (de novo, mas por que não? É um ótimo ator). Ele costuma interpretar o herói. Tradicionalmente, heróis são corajosos, fortes e quase à prova de balas, mas Harrison Ford os interpreta de modo diferente. Sempre que algo realmente ruim acontece e dão um close nele, Ford parece assustado, como se estivesse pensando *Céus, não acredito que preciso fazer isso agora*. Em *Caçadores da Arca Perdida*, diante do poço cheio de víboras perigosas que era obrigado a atravessar, ele diz a famosa frase: "Cobras. Por que tinham que ser cobras?" Não há bravata alguma. O herói que ele nos dá é um cara comum... que agora está num poço de cobras. É melhor ele descobrir como escapar bem rápido se quiser salvar a própria pele. Como espectador, você fica muito mais envolvido na luta pela sobrevivência e torcendo pelo sucesso do personagem quando ele se mostra humano.

———

Na última década, boa parte do meu trabalho consistiu em explicar às pessoas por que algo caiu. Quando estava no Google, trabalhando no início do Blogger, ele caía muito. Eu assumi a responsabilidade de explicar aos usuários o que tinha dado errado, por que isso havia acontecido e quais pro-

UM VIVA PARA A BALEIA

vidências estavam sendo tomadas para garantir que aquele problema específico não acontecesse novamente.

Numa queda do Blogger em 2003, comecei a investigar o motivo até alguém finalmente me explicar que era uma questão de eletricidade. O Google era tão imenso que exigia uma vasta quantidade de energia elétrica para alimentar seus centros de processamento de dados, os locais onde os sistemas de computadores são armazenados e recebem manutenção.

Acontece que o Blogger não estava no topo da lista de prioridades quando o Google tinha problemas de eletricidade, por isso eles nos desligavam. Estou simplificando, mas o conceito básico era esse.

Quando descobri isso, escrevi um post no blog oficial do Blogger explicando que o serviço tinha caído porque o Google consumia toda a energia elétrica devido ao seu tamanho imenso.

Postar nos blogs da empresa era muito importante, mas sempre tratei disso com uma dose de irreverência. Um dos feitos de que mais me orgulho foi ter usado uma imagem do meu gato Brewster como exemplo quando o Blogger permitiu a postagem de fotos. O Google era uma empresa grande, chique, prestes a abrir seu capital, e mesmo assim eu consegui postar uma foto de um gato no blog oficial do Google Inc. Não era apenas para me divertir. Era o meu papel colocar um rosto humano (ou felino) em nossa tecnologia.

O post do Brewster não teve comentários, mas o que falava da eletricidade não passou em branco. *Onde o Google iria arrumar mais energia?* O que eu não sabia quando escrevi no blog era que o Google estava envolvido num projeto secreto: através de outra empresa, eles estavam comprando imensas quantidades de terra na região leste de Portland, Oregon, onde planejavam criar um centro de energia próprio. Investidores e meios de comunicação observavam atentamente a empresa e, quando o meu post foi publicado, os investigadores da internet juntaram as peças, descobrindo o que o Google pretendia fazer. Por sorte, eu não fui mandado para a sala do diretor, mas às vezes ser totalmente honesto tem suas consequências.

Mesmo assim, eu acredito na honestidade e achava que explicar os erros aos usuários do nosso serviço era a melhor forma de criar um relacionamento de longo prazo com eles.

Levei essa filosofia para o Twitter. No início, eu não tinha outro plano de comunicação além de seguir o meu instinto. Meu desejo era que todos na empresa soubessem o que estávamos fazendo e o que planejávamos. Gostaria que a comunicação externa fosse igual à interna, exceto pelos assuntos que não poderiam ser abordados por motivos jurídicos ou temas nada elegantes, como a quantidade específica de dinheiro levantada para financiar a empresa. Eu queria o oposto da típica equipe de relações públicas que distorceria tudo. Deveria haver uma verdade universal.

Então ficou dolorosamente claro que o serviço criado por nós não conseguia lidar com o número de usuários que rapidamente aumentava. Como o meu trabalho era comunicar quando algo saía errado, fiquei muito ocupado.

Explicava qualquer problema aos usuários através do nosso serviço (supondo que ele estivesse funcionando). Se o sistema caísse, eu procurava os engenheiros para investigar o motivo e depois ia para o blog do Twitter contar o que havia descoberto. Na maior parte das vezes, eu encontrava um jeito de dar uma

## UM VIVA PARA A BALEIA

boa notícia. Que tínhamos descoberto a solução e poderíamos prometer que aquele problema específico provavelmente não aconteceria de novo. (Outra situação provavelmente faria o sistema cair de novo, mas provavelmente não *essa*.)

---

Não demorou muito para ver os resultados da minha abordagem. Todos os anos a Apple faz uma conferência de desenvolvedores em âmbito mundial. Os primeiros usuários do Twitter eram as mesmas pessoas que ficavam ansiosas para saber dos novos produtos e tecnologias lançados pela Apple, e antes da conferência de junho de 2007 corriam boatos de que a Apple iria anunciar um iPhone.

Na véspera da conferência, as conversas sobre o iPhone sobrecarregaram o serviço. Houve quedas intermitentes, e tanto nós quanto os usuários começamos a temer que o Twitter não aguentasse quando o anúncio fosse feito no dia seguinte.

Naquela noite trabalhamos até tarde para resolver os problemas. Os usuários nos conheciam e imaginaram (corretamente) que iríamos nos matar tentando reforçar o serviço para o dia seguinte. Já era bem tarde da noite quando chegaram algumas pizzas. Depois, outra leva. Mas ninguém no escritório tinha pedido pizza.

Aí um usuário tweetou:

Vocês receberam as nossas pizzas?

Meu Deus. Estávamos recebendo apoio da comunidade do Twitter.

## UM PASSARINHO ME CONTOU

Em vez de reclamar que o site havia caído, várias pessoas mandaram pizzas ao nosso escritório para nos dar ânimo e apoiar o nosso esforço. Não éramos robôs anônimos que os frustravam com bugs e falhas. Toda aquela honestidade revelou a nossa humanidade e nos trouxe boa vontade.

---

O Twitter continuou a cair, e era eu quem decidia como lidar com isso internamente e também com os usuários. Minha ideia era que as pessoas soubessem do nosso esforço máximo, mas não queria esconder ou minimizar as falhas. Decidi que assumiríamos as nossas muitas imperfeições.

Na versão inicial do sistema, quando você escrevia um texto, aparecia uma "tela de sucesso". Na maioria dos sites, essa tela diria "Obrigado. Sua mensagem foi enviada". No Twitter, a tela dizia "Ótimo, isso deve ter funcionado".

Eu sempre quis reconhecer os sentimentos de quem está do outro lado da tela. Nos tempos da Odeo, quando o sistema caía aparecia uma caixa de diálogo e era preciso clicar em OK para continuar. Pedi ao Jack para adicionar uma caixa de seleção. Assim, além de clicar em OK, você também podia clicar na caixa e marcar a opção "Mas eu não estou feliz com isso".

Para suavizar o golpe das quedas do Twitter, acabei fuçando num banco de imagens e descobri o desenho de uma baleia sendo erguida por um bando de pássaros. Perfeito! Eu a coloquei na página de erro.

A Baleia do Twitter, como acabou sendo chamada, era uma imagem alegre e positiva que nos retratava como um grupo pequeno e comprometido de pássaros que procurava carregar o

## UM VIVA PARA A BALEIA

peso de uma baleia impossivelmente grande, como uma equipe. Éramos pequenos, mas estávamos determinados a conseguir.

E aí está o mais interessante: houve tanto estardalhaço com as quedas do Twitter que a Baleia virou meme. Ela ganhou fã-clubes, festas, e um cara até fez uma tatuagem do desenho no tornozelo. Houve uma conferência da Baleia e fui convidado para dar palestra! Pessoas que nunca ouviram falar do Twitter começaram a saber das reclamações. Que serviço era este do qual as pessoas gostavam tanto, a ponto de não conseguirem viver sem ele? Não tenho qualquer evidência científica, mas acredito que todo este estardalhaço tenha feito com que mais pessoas fossem procurar o Twitter. Eu não ficaria surpreso se a Baleia tivesse contribuído diretamente para o nosso crescimento.

Nossas falhas viraram um trunfo.

---

Às vezes recebíamos e-mails de reclamação bem grosseiros. Eles quase sempre diziam: "Vocês são uns babacas e não sabem o que estão fazendo."

O que eu mais gostava de fazer quando recebia esse tipo de e-mail era responder com gentileza: "Querido Joe, muito obrigado pelo seu feedback. Fico tão frustrado quanto você quando o serviço cai. Estou feliz pela sua mensagem. Veja o que o pessoal está fazendo para resolver e, por favor, avise se não voltar a funcionar dentro de quatro horas."

Inevitavelmente eu recebia uma resposta encabulada e em tom de desculpas dizendo: "Vocês são ótimos. Só escrevi aquele e-mail porque realmente gosto de vocês."

## UM PASSARINHO ME CONTOU

Receber essas mensagens por e-mail me ajudou a perceber que os usuários que mais reclamavam geralmente eram os nossos maiores fãs. O único motivo para eles terem se dedicado a escrever era a paixão pelo nosso produto. Ao responder pessoalmente e de modo honesto, eu deixava claro para eles que também me importava e que havia pessoas de verdade nos bastidores fazendo de tudo para ajudar aqueles pobres pássaros a mover a baleia. Não dá lucro agir como se fôssemos à prova de balas. Ninguém é perfeito, e quando alguém age como se fosse, sempre soa falso.

Não só estimulamos o envio de e-mails furiosos, como publiquei o número do meu celular na página inicial do site e atendia ao telefone quando tocava. As pessoas me ligavam pedindo suporte básico, perguntando como fazer login, mudar o avatar ou se podiam trocar o nome de usuário e manter os tweets. Num sábado, às seis da manhã, o telefone me acordou. Quando virei na cama e atendi, a voz de um senhor disse:

— Olha, minha igreja disse que deveríamos usar o Twitter.

— Sim... — respondi.

— Então... Resolvi o enigma da palavra.

Isso me confundiu, pois no dia anterior eu havia tido uma ideia para um jogo de palavras que poderia ser jogado por várias pessoas pelo Twitter. Queria chamá-lo de Wordy. Você mandaria um SMS contendo "play wordy" para 40404 e receberia sete letras, com as quais deveria formar a maior palavra que conseguisse. Eu tinha contado para o Evan no dia anterior, mas como esse cara sabia da conversa?

— Você resolveu o enigma da palavra — repeti.

— É, agora eu faço o quê? — perguntou ele.

## UM VIVA PARA A BALEIA

Meio lento ao acordar, eu demorei a perceber que ele estava falando sobre o preenchimento do CAPTCHA, aquela imagem distorcida de uma palavra cujo conteúdo você precisa digitar quando cria sua conta para confirmar que não é um bot.

Ser atencioso com os nossos clientes significa se importar com a experiência de cada um individualmente, noite e dia. Expliquei ao bom homem como usar o Twitter, seguir pessoas e explorar o site.

O meu contato ficou na página inicial até o momento em que as ligações telefônicas passaram a ser quase exclusivamente de repórteres. Aí eu troquei o número do celular.

Diversas vezes, através das mensagens de erro, postagens do blog, da Baleia e das respostas aos e-mails enviados pelos usuários, eu dizia às pessoas que éramos humanos. Sabíamos dos nossos erros. Não gostávamos de errar, mas desejava que, como empresa, acreditássemos no que vi em *Gattaca*, no que aprendi quando me arrisquei com a Livia e no que o sucesso do Twitter acabaria provando: o fracasso fazia parte do caminho. Arriscar valia a pena. Na verdade, era um componente fundamental do crescimento. Ao dividi-lo com os usuários, mostrávamos ter confiança definitiva em nós mesmos e em nosso sucesso. Não iríamos desistir, e esperávamos que nossa fé inspirasse a deles.

# 8

## O PONTO OTIMISTA

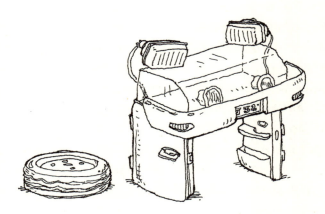

Toda empresa precisa de um idealista. No começo do Twitter, meu trabalho real como cofundador era basicamente ser a voz da empresa. Eu falava com indivíduos, grupos de usuários e funcionários, escrevia boletins semanais para a equipe, liderava reuniões nas tardes de sexta-feira, postava comunicados no blog do Twitter e mantinha uma atitude otimista e positiva sobre os motivos do nosso trabalho e por que tudo isso importava. Essa abordagem não era algum tipo de plano grandioso. Era apenas o meu jeito comunicativo.

Mesmo assim, não é divertido fracassar. As pessoas constantemente diziam que todo o conceito do Twitter era idiota, e

## O PONTO OTIMISTA

até alguns dos nossos engenheiros tinham suas dúvidas. Além disso, o site ainda caía o tempo todo. Não era uma sensação boa. Eu tinha ajudado a criar o Twitter, trabalhava nele todos os dias, e quando o site dava erro, era como se eu tivesse feito algo errado. Como se tivesse deixado uma responsabilidade de lado. Sempre que o app não funcionava, eu ficava frustrado e inquieto até resolver o problema.

Mas muitas vezes não sabíamos onde estava o erro, e levava horas para o serviço voltar a funcionar normalmente.

Um dia, tudo isso me afetou. Talvez eu não estivesse num dia bom. De qualquer modo, foi a gota d'água. Me levantei no meio do escritório caído de South Park e soltei algo como:

— Isso é ridículo. Por que a gente não consegue fazer as coisas direito?

Jack Dorsey, que era CEO na época, ouviu minha explosão e disse:

— Ei, Biz, vamos dar uma caminhada?

Andamos pelo bairro de South Park, e Jack explicou:

— Preciso que você seja sempre o cara de atitude positiva que faz as pessoas terem a sensação de que estamos no caminho certo, fazendo um bom trabalho e felizes.

Foi aí que percebi que o ânimo da empresa era uma das minhas principais responsabilidades. Eu tinha as minhas batalhas internas, como todos têm, com medo de não estar ajudando ou trabalhando o bastante. No começo eu fazia toda a interface do usuário e o trabalho de design sozinho, mas na época dessa explosão, já tínhamos contratado pessoas para cuidar um pouco dessa parte. Eu não estava programando o dia inteiro como um engenheiro e nem era o CEO. Será que estava fazendo a minha parte? O meu trabalho era importante? Estava dando

## UM PASSARINHO ME CONTOU

uma voz ao serviço e criando uma marca, mas não havia como quantificar o resultado do meu esforço.

Quando Jack disse que precisava de mim para manter o ânimo da empresa, percebi que minha positividade era importante, embora fosse difícil de medir. Eu não estava apenas criando uma marca para consumo externo: era o responsável pela cultura da empresa. Nós tivemos problemas muito maiores, com muito mais em jogo depois disso, mas nunca mais perdi o controle como naquele dia. Sempre fui capaz de achar o ponto otimista.

———

No livro *De onde vêm as boas ideias*, Steven Johnson fala que as boas ideias são montadas com peças sobressalentes que temos por aí. Como metáfora, ele conta uma história passada na cidade indonésia de Meulaboh. Depois da tsunami ocorrida no Oceano Índico em 2004, o hospital de Meulaboh recebeu oito incubadoras para salvar a vida de recém-nascidos. Que presente generoso! Meulaboh ficaria muito melhor agora. Mas quatro anos depois, quando o professor do MIT Timothy Preston entrou em contato para saber como andava o hospital, ele descobriu que nenhuma das incubadoras estava funcionando. Elas haviam quebrado e ninguém sabia consertá-las. A tecnologia cara que poderia salvar vidas era inútil.

Timothy Preston se concentrou especificamente nesse aspecto porque tinha uma equipe que estava criando uma incubadora especialmente para países em desenvolvimento. Ele pegou a ideia de Jonathan Rosen, um médico que observou a onipresença de caminhões Toyota funcionando muito bem, apesar de

## O PONTO OTIMISTA

todos os problemas de infraestrutura do país. Sabendo disso, a organização de Preston, chamada Design That Matters, fez uma incubadora chamada NeoNurture com peças de automóveis. O farol dianteiro era usado para fornecer calor, e a máquina era alimentada por um isqueiro ou uma bateria de motocicleta. Gosto de imaginar que, ao entregar as novas incubadoras ao hospital, Preston disse: "Estas são incubadoras para os bebês. Se elas quebrarem, é só chamar um mecânico."

Johnson usa essa história para ilustrar como a inovação vem de ideias preexistentes, "construídas com peças sobressalentes que por acaso se encontravam na garagem". Mas para mim também há outro significado: encontrar o ponto otimista. Quando tudo está dando errado, em vez de se fixar no problema descubra o que funciona e trabalhe em cima disso. Procure o "ponto otimista" no meio da negatividade que parece não ter limites. As soluções aparecem se você procurar o lado positivo.

Acabei me dando conta disto de um jeito meio engraçado e que parecia fadado a acontecer. Em vez de me preocupar com o meu papel na empresa, deixei que ele evoluísse até me tornar o despreocupado da empresa. Mas essa ideia pode funcionar em escala maior. Na Odeo, por exemplo, Evan observou a equipe após desistir dos podcasts e decidiu que não havia motivo para desperdiçar aquele talento reunido. Ele pode não ter pensado nesses termos, mas supôs a existência de um ponto otimista, uma ideia da qual valia a pena correr atrás e abriu a porta para ela sugerindo a *hackathon*. Na sua empresa, faça como o Evan e fique de olhos abertos para aquele projeto paralelo que pode merecer o palco principal. Se você quisesse lançar uma startup há dez anos, precisaria ter uma sala cheia de servidores para hospedar o site e o tráfego gerado por ele. Desde então, a

## UM PASSARINHO ME CONTOU

Amazon percebeu uma habilidade paralela que tinha desenvolvido como varejista online e lançou o Amazon Web Services, oferecendo um modo fácil e barato de montar uma startup até para quem é formado em Letras. Procure os pontos otimistas de eficiência, como um departamento que cumpre tão bem a sua função que pode ser capaz de fornecer aquele serviço para outras empresas, e abra espaço para desenvolver as habilidades e interesses de seus funcionários e colegas.

A mesma teoria se aplica até aos menores aspectos da vida. Não estou dizendo que se o carro quebrar, você pode dar um jeito de usá-lo como geladeira (mas ficaria realmente impressionado se conseguisse). Agora, digamos que nunca sobra tempo para limpar a garagem. O que você sempre consegue fazer? Pagar as contas? Então veja como acontece o ato de pagar as contas. Você reservou tempo para isso na agenda? Faz um pouco disso todas as noites? Tente aplicar a mesma estratégia ao projeto da garagem.

Além de prática, a teoria do ponto otimista diz respeito a ter uma visão fundamentalmente positiva. Óculos de lente cor-de-rosa pintam o mundo com uma falsa beleza, mas uma mente aberta, curiosa e otimista gera soluções e ainda se entretém mais pelo caminho.

# 9

## GRANDES MUDANÇAS ACONTECEM EM PEQUENAS DOSES

Voltamos da South by Southwest em 2007 convencidos de que o Twitter seria importante. Montamos a empresa, Livy e eu ficamos noivos, apareceram pizzas grátis no escritório. Naquele verão eu sonhava alto com as formas que as pessoas encontrariam para usar esta nova tecnologia que estávamos criando.

Um dia, quando todos estavam no almoço, comecei a olhar em bancos de imagens, navegando pelas ilustrações só para me divertir, sabe como é, e esbarrei com alguns desenhos feitos com o Adobe Illustrator usando gráficos vetoriais. Parecia fácil, e quis tentar. *O que eu deveria desenhar? Ah, vou desenhar um* pássaro. Então desenhei um pássaro usando o Adobe Illustrator e pintei de azul. Parecia bem legal. Eu o fiz com uma barriga azul-clara, bico e asas.

Quando todos voltaram do almoço, mostrei minha obra ao Ev, que comentou:

— Ah, ficou muito bom.

— A gente podia colocar este pássaro no nosso site — respondi.

— Claro — disse Ev, indo embora em seguida.

Então eu coloquei o pássaro no site, as pessoas gostaram e comecei a chamá-lo de pássaro do Twitter. Algumas semanas depois pedi ao meu amigo Phil Pascuzzo, designer e ilustrador profissional, para acrescentar um pouco de estilo. Ele fez uma versão mais excêntrica, e o meu pássaro agora tinha um penteado. Este foi o nosso pássaro do Twitter por um tempo. Depois, comecei a pensar mais filosoficamente sobre ele. Qualquer empresa poderia usar a primeira letra do nome como logotipo. Só o Twitter poderia usar um pássaro em pleno voo, representando a liberdade de expressão. Então pedi ao nosso diretor criativo, Doug Bowman, para deixar o pássaro mais marcante, com menos jeito de desenho animado. Ele fez uma variação do pássaro do Phil, que mostrei à empresa.

Na apresentação, exibi o logotipo da Apple, da Nike e o pássaro do Twitter. Eu disse à equipe:

— Pessoal, na visão que desejo para o futuro as pessoas vão usar o Twitter para derrubar regimes ditatoriais e, quando o fizerem, vão pichar este pássaro nos muros cambaleantes da tirania.

Depois, Jack pediu ao nosso diretor de arte para criar outra versão do pássaro, simplificando ainda mais o desenho, e fez um discurso semelhante.

Havia tantas formas de digitar um tweet que seria impossível restringir isso. Pessoas de qualquer país teriam a liberdade de

## GRANDES MUDANÇAS ACONTECEM EM PEQUENAS DOSES

se comunicar. Independentemente das restrições, as pessoas dariam um jeito de driblá-las. Para bloquear o Twitter, seria preciso bloquear a comunicação móvel em todos os lugares. Nós éramos o nosso único obstáculo, devido às deficiências técnicas. O Twitter era imbatível.

———

Havia apenas doze pessoas brincando no escritório do Twitter em South Park na época. Eu estava morando em Berkeley e pegava o metrô para casa todos os dias. Um belo dia, às 19h, eu entrei na estação do BART* para pegar o trem até a Baía de São Francisco, onde ficava a minha casa. Assim que entrei, ouvi algumas pessoas comentando baixinho algo sobre um terremoto.

Opa, alguém estava falando em terremoto e eu estava prestes a entrar num tubo gigante embaixo da baía? Não parecia o lugar mais seguro do mundo para estar durante, ou logo depois, de um terremoto. *Devo sair correndo do trem antes que as portas se fechem?* Olhei ao redor para ver se alguém estava em pânico. Difícil dizer. O pessoal que volta do trabalho se mexe muito, em várias direções. Era pânico ou apenas a hora do rush?

Verifiquei o telefone e vi um monte de tweets sobre o terremoto. Um deles dizia:

Ah, foi só 4,2 na escala Richter.

Outros falavam que havia sido apenas um terremoto leve. *Tudo bem, então vou ficar.*

---

*Bay Area Rapid Transit – sistema de transporte público de São Francisco.

## UM PASSARINHO ME CONTOU

O Twitter não era mais apenas diversão, o pequeno app excêntrico que me fazia sorrir. Agora ele significava a diferença entre ficar no trem e morrer de medo ou sair dele e me atrasar para fazer as compras, passear com o cachorro e ver a Livy. Era algo pequeno, a opinião de um grupo variado de pessoas sem qualquer autoridade ou conhecimento na área de terremotos. Mesmo assim, estas opiniões tinham um propósito significativo. O Twitter tinha acabado de me poupar de um monte de problemas. Estava realmente fazendo diferença na minha vida cotidiana.

Não quisemos criar uma ferramenta para ajudar as pessoas a tomarem decisões sobre terremotos. Essa seria a próxima lição, a maior que o Twitter tinha a oferecer: mesmo as ferramentas mais simples podem capacitar as pessoas a fazer coisas importantes.

---

O Twitter era um conceito pequeno, mas teve um crescimento exponencial. E com este crescimento veio algo inesperado. Nós começamos a notar o verdadeiro poder de uma rede social para canalizar a humanidade.

Em abril de 2008, o aluno de Berkeley James Buck estava no Egito trabalhando num projeto multimídia sobre as facções do país que eram contra o governo. Ele acompanhava o partido de oposição, mas estava com dificuldade em descobrir quando seriam as reuniões a tempo de comparecer. Por fim, perguntou como estavam organizando os protestos e coordenando o compartilhamento de informações. Eles responderam: "Estamos usando o Twitter" e o apresentaram ao site (algo meio irônico, considerando que ele era da Bay Area).

## GRANDES MUDANÇAS ACONTECEM EM PEQUENAS DOSES

Uma semana depois, James conseguiu chegar ao seguinte protesto espontâneo contra o governo. Depois, quando ele foi ao escritório do Twitter nos contar a história, disse que os policiais no Egito tendem a usar bigode. É uma parte não oficial do uniforme, assim como acontece com jogadores da Major League de beisebol nos Estados Unidos. Segundo Buck, "quando você via muitos bigodes, sabia que algo ia dar errado".

Então ele foi ao protesto e encontrou bigodes em massa. James acabou sendo preso com um grupo de pessoas. Sabe-se lá por que motivo os policiais não apreenderam o celular e apenas jogaram o estudante no banco traseiro de um carro. James estava muito assustado: era um garoto americano no Egito preso pela polícia local e não fazia ideia do que esperar. Discretamente, do banco de trás do carro da polícia, ele tuitou uma só palavra.

Preso.

Os amigos nos EUA sabiam onde ele estava e o motivo da viagem. Sabiam que o tweet não era piada e que James poderia estar numa situação difícil. Eles entraram em contato com o reitor de Berkeley, que conseguiu arranjar um advogado no Egito para ajudar o estudante a sair da prisão. O tweet seguinte também teve apenas uma palavra:

Livre.

Foi bom para o James e, agora que o perigo havia passado, rendeu uma ótima história. Nós do Twitter e qualquer pessoa que ouvisse a história nos meios de comunicação poderia an-

## UM PASSARINHO ME CONTOU

tever instantaneamente uma vasta gama de cenários em que o Twitter poderia ser a salvação. Eu era especialmente propenso a fantasiar essas histórias.

- Aconteceu um terremoto. Você está preso embaixo de escombros e a bateria do celular está acabando. Você pode mandar um SMS para um amigo ou um tweet para cem pessoas. O que fazer?
- Um fazendeiro na Índia posta um tweet de um telefone vagabundo perguntando o preço de um determinado grão no mercado que fica a 80 quilômetros de casa. A resposta é o dobro do que ele pretendia cobrar. Isso muda a vida dele e da família por um ano.
- O Twitter pode fazer parte do noticiário, complementando o feed da Bloomberg News. Se a Bloomberg recebesse três tweets de fontes diferentes sobre algo importante, poderia investigar.
- Informações podem ser espalhadas em minutos através de retweets. Dentro de um minuto, milhões de pessoas poderiam ficar cientes de algo importante.

Quanto mais imaginava as possibilidades, mais eu via que o valor do Twitter estava no uso que as pessoas faziam dele. Como empresa, em vez de falar sobre a nossa ótima tecnologia (algo difícil de defender, com a Baleia e tal), nós simplesmente passamos a celebrar as coisas incríveis que as pessoas estavam fazendo com ela. Era uma inversão estranha. Geralmente as empresas mandam comunicados à imprensa sobre o que estão fazendo de fantástico e tentam gerar notícias e interesse, mas seria impossível analisarmos

## GRANDES MUDANÇAS ACONTECEM EM PEQUENAS DOSES

todos os tweets que passavam pelo sistema. Em vez de dizer aos jornais o que escrever sobre a empresa, nós os usávamos para descobrir as vidas que o Twitter havia mudado ou até salvado recentemente.

Não era uma questão de coragem por parte do Twitter, mas sim de pessoas corajosas fazendo atos de coragem. Mas o Twitter era um gancho bom e badalado para os repórteres. Criamos uma marca de um bilhão de dólares porque juntamos uma série contínua de gestos humanos incríveis.

Ficamos constantemente surpresos pela adesão ao nosso serviço. Em pouco tempo, todo o Congresso norte-americano estava no Twitter. *O quê?* E nunca pensei que celebridades fossem querer usar o Twitter. Toda a questão de ser uma celebridade consiste no público ter acesso limitado a você. Eles precisam esperar para vê-lo num filme. *Por que uma estrela iria querer diluir a exposição e compartilhar o que acontece no seu dia a dia?* Não entendi que as celebridades gostavam de driblar os agentes e estúdios, e o Twitter era um jeito de finalmente terem contato direto com os fãs. Eu deveria ter notado isso: assim como percebi que humanizar o Twitter faria as pessoas gostarem da nossa empresa, as celebridades também querem ser vistas como seres humanos.

---

Um ano depois de lançarmos oficialmente a Twitter, Inc., nosso escritório estava sofrendo as dores de crescimento de uma start-up. Um dos problemas que enfrentamos foi com as operadoras internacionais. Nos Estados Unidos, conseguimos fazer acordos com a maioria das empresas de telefonia. Usando o nosso código

## UM PASSARINHO ME CONTOU

40404, os tweets enviados pelos usuários eram basicamente de graça, mas na Europa e no Canadá ainda pagávamos por cada tweet enviado. Houve um mês em que a conta chegou aos seis dígitos! As operadoras internacionais não concordaram em deixar os tweets serem gratuitos.

O nosso sistema internacional era tão improvisado que rodava num só laptop. Havia um aviso escrito à mão em cima dele dizendo "NÃO DESLIGUE". A conta absurdamente alta foi a gota d'água. Quando cheguei ao escritório, fui até o laptop e o tirei da tomada. Encerrei o Twitter internacional, depois fiz um post no blog oficial da empresa essencialmente dizendo: "Acabamos de desligar todos os posts internacionais por ser caro demais". Achava que, se uma quantidade suficiente de pessoas reclamasse, as operadoras nos ligariam para fazer um acordo. E foi o que aconteceu.

O gráfico do nosso crescimento em 2008 é bem íngreme, e pareceu íngreme para nós. Mas se você olhar no contexto dos anos seguintes ele parece reto, de tão dramático que foi o nosso crescimento. Ainda não estávamos preocupados em ter lucros. Nossos investidores entendiam que algo assim precisa crescer muito antes de gerar dinheiro. O Evan sempre dizia: "Não existe serviço que tenha cem milhões de usuários ativos e não dê lucro. Não se preocupe."

Enquanto isso, a nossa parte técnica continuava problemática como sempre, caindo o tempo todo. E quanto mais rápido crescíamos, mais difícil era manter o serviço funcionando. Mas o crescimento da empresa acontecia apesar de tudo isso.

Nossa popularidade incendiou a diretoria. Como todos nós, eles queriam o sucesso do Twitter. Jack, o nosso CEO, era um engenheiro que nunca havia comandado uma empresa.

## GRANDES MUDANÇAS ACONTECEM EM PEQUENAS DOSES

Era preciso alguém com experiência de liderança para assumir as rédeas, então decidiram substituir o Jack pelo Evan. Nem preciso dizer que isso gerou ressentimentos.

Quando disseram que iam dispensar o Jack, eu implorei à diretoria para que o deixasse ficar por mais um ano e provar seu talento, mas três meses depois (em outubro de 2008) eles o demitiram sem me avisar. Fiquei sabendo numa quarta-feira de manhã quando Evan me pediu para encontrá-lo em meia hora no apartamento dele, a dois quarteirões do escritório. Ao chegar, vi que Ev também tinha chamado Jason Goldman, o nosso executivo-chefe da área técnica, Greg Pass e o cientista-chefe, Abdur Chowdhury. Greg e Abdur entraram no Twitter quando compramos a Summize, em julho de 2008. Ela nos deu a tecnologia que permitiu aos usuários buscarem por tweets públicos. Nós quatro provavelmente éramos as últimas pessoas da alta gerência a saber da notícia.

Fomos ao apartamento do Evan, onde ele disse:

— A diretoria decidiu demitir o Jack e me colocar no lugar dele como CEO.

Houve um breve momento de silêncio. Em seguida, Greg comentou:

— Uau.

Eu quis saber:

— Cadê o Jack? Alguém sabe onde ele está agora?

Seja lá onde estivesse, eu sabia que ele não estaria bem. Afinal, tinha acabado de ser expulso da própria empresa.

Jack recebia o bilhete azul da diretoria ao mesmo tempo em que Ev nos dava a notícia. Mandei SMS para o Jack na mesma hora e fomos almoçar logo após eu ter saído da casa do Ev. Jack estava arrasado e depois descreveria a sensação

UM PASSARINHO ME CONTOU

como a de ter levado um soco no estômago. Sugeri que ele desse a notícia ao resto da equipe com um discurso elegante e com elogios à decisão da diretoria, além de contar que estava assumindo uma posição de alto nível como presidente do conselho administrativo e que tinha confiança no futuro bem-sucedido da empresa.

Jack tomou um pouco de sopa e disse:

— Vou ser como o Steve Jobs. Um dia eu voltarei.

Quando falou isso, a postura dele mudou, como se o fato de lembrar que o Steve Jobs também havia sido afastado da própria empresa deixasse aquele dia mais fácil de suportar.

Como fiz na SXSW, escrevi um discurso curto e elegante para o Jack (que incluía toda uma parte dizendo o quanto eu era encantador, engraçado e bonito). O texto elogiava a equipe e tinha um clima positivo, mesmo que ele não estivesse se sentindo assim.

A verdade é que o fantasma do Ev como principal executivo estivera lá o tempo todo. Afinal, a maior parte da equipe tinha vindo da Odeo, onde ele havia sido CEO. Nos e-mails internos semanais, eu geralmente me referia ao Jack como o nosso "líder destemido", tentando melhorar a imagem dele. Agora eu precisava guiar as ovelhas para se reunirem em torno do Evan.

Depois de sair, Jack e eu exploramos uma ideia para um app de iPhone que ajudaria as pessoas a manter um diário. Nos encontrávamos à noite em bares e pensávamos no projeto por diversão, para mantermos o cérebro aguçado e termos um motivo para continuar trabalhando juntos. Então o Jack sumiu por duas semanas. Quando voltou, alegou estar trabalhando num projeto novo com um cara chamado Jim:

## GRANDES MUDANÇAS ACONTECEM EM PEQUENAS DOSES

— Parece que, se você usar a entrada para fone de ouvido de um smartphone, consegue ler a tarja magnética de um cartão, permitindo transformar um celular num leitor de cartões de crédito.

— Uau, isso é uma loucura — comentei.

Aquela ideia foi a nova startup do Jack, chamada Square, da qual virei investidor anjo. Sabia que gostaria de ter algum tipo de participação em qualquer projeto liderado pelo Jack.

---

Com a mudança de liderança e os problemas técnicos, a equipe ficou dividida. Nós éramos motivo de chacota no mundo da tecnologia. Os programadores culpavam uns aos outros por isso. Como sempre, quando tudo dá errado, apele para *Jornada nas Estrelas*. Existe um episódio da *Nova Geração* chamado *Attached* que se concentra basicamente no Capitão Picard e na Dra. Crusher. Sozinhos no planeta Kesprytt III, eles acabam sendo capturados pelos habitantes locais. Após terem transreceptores implantados, os dois tripulantes da Enterprise passam a ouvir os pensamentos um do outro. Num determinado momento, a dupla se perde durante uma caminhada. O Capitão Picard diz "vamos por aqui", mas a doutora lê a mente dele e contesta: "Na verdade você não sabe, não é?" O capitão admite que às vezes ser líder significa cultivar a aparência de confiança.

Esta foi a minha estratégia de liderança. Dizer "vamos fazer isto, que é o certo" dá a todos um senso de missão comum. Precisávamos nos concentrar em algo maior do que a nossa empresa desestabilizada. A eleição presidencial norte-americana de 2008 estava prestes a acontecer e os dois candidatos tinham

## UM PASSARINHO ME CONTOU

contas no Twitter. A noite da eleição seria importante para a empresa. Sim, foi uma eleição histórica, e claro que o resultado determinaria o rumo do país. Mas eu só me concentrei em (a) saber se o Twitter conseguiria se manter funcionando e (b) como poderíamos usar este grande evento para ressuscitar o moral da tropa e fazer com que voltássemos a nos sentir como uma equipe.

———

Nos meses que levaram à eleição, trabalhamos muito em grupo para resolver os problemas de capacidade que nos afligiam.

Os candidatos podem até ter pensado que o show era deles, mas como uma equipe jornalística, sentíamos que era nosso. E preciso dizer: deu certo, pois todos se uniram.

A semana da eleição foi importantíssima para o Twitter, sem falar para os Estados Unidos e também para o mundo. Mandei um e-mail para revigorar a equipe com o título "Acrescentando um novo recurso à democratização da informação". A mensagem dizia:

> *Pessoal,*
>
> *Os pássaros quando voam têm a incrível capacidade de se mover como se fossem um, pois a junção de feedback imediato e regras simples criam algo graciosamente fluido e que parece até coreografado. Na primavera de 2007, pudemos enxergar de relance as pessoas utilizando uma força parecida com essa para criar uma nova forma de comunicação. A South by Southwest de 2007 nos apresentou a incrível relevância do Twitter durante um evento coletivo.*

## GRANDES MUDANÇAS ACONTECEM EM PEQUENAS DOSES

*Agora o mundo está assistindo a um dos maiores eventos da história dos EUA se desenrolar diante de nós. O Twitter está em posição de atuar neste processo eleitoral como nada antes visto: 37 integrantes do congresso estão tweetando, os dois candidatos têm contas ativas, milhões de cidadãos estão reagindo às questões de campanha em tempo real e ativistas políticos estão organizando protestos, tudo isso usando o Twitter. Todos se movendo como um só.*

Tudo bem, foi um pouco exagerado, mas quando escrevi esta carta à equipe, a ideia era que eles acabassem de ler e pensassem: *Puta merda, o que eu faço é importante!* Eu gostaria que eles mostrassem o e-mail aos maridos e esposas dizendo: *Olha! O meu trabalho faz a diferença.*

Uma parte da equipe trabalhou até tarde na terça-feira, noite da eleição, para garantir que tudo estivesse rodando perfeitamente. Convidamos umas cinquenta pessoas para uns comes e bebes e assistimos aos resultados da eleição na tela grande. O que aconteceu depois foi incrível: o Twitter excedeu a capacidade normal em quinhentos por cento e se manteve funcionando, sem problema algum.

Os servidores não caíram. E tínhamos o nosso primeiro presidente afro-americano! Esta foi a ordem de importância das notícias no escritório naquela noite. Trate-nos por Ismael: a nossa baleia estava bem longe, pelo menos até aquele momento. E com o grande monstro fora do alcance da visão, demos as boas vindas ao primeiro presidente dos Estados Unidos a ter uma conta oficial no Twitter.

## UM PASSARINHO ME CONTOU

Algumas semanas depois, houve uma série de ataques terroristas em Mumbai, Índia. No meio da crise, as pessoas usaram o Twitter para relatar os acontecimentos em tempo real e, em alguns casos, o Twitter foi uma tábua de salvação.

Em todos os lugares, as pessoas descobriam formas pelas quais o Twitter era relevante em suas vidas, desde para ler críticas de filmes até ajudar os sem-teto e levantar dinheiro espontaneamente para causas globais. Enquanto trabalhávamos com afinco, concentrados no desempenho, o resto do mundo estava descobrindo para que servia o Twitter.

Não fui a única pessoa a ter grandes ideias sobre as formas de utilização do Twitter. Em 30 de julho de 2008, um terremoto de magnitude 5,4 atingiu o sul da Califórnia. A hora oficial do terremoto foi 11h42, mas os tweets falando do assunto surgiram antes disso. Nove minutos depois, às 11h51, a Associated Press mandou um alerta de 57 palavras pelo seu serviço de notícias. Nestes nove minutos, o Twitter teve 36 mil tweets contendo a palavra *terremoto*. Nesse vácuo de notícias com nove minutos de duração, reunimos um livro inteiro de relatos em primeira mão do evento. Claro que o Twitter não é um serviço de notícias tradicional. Nossos relatos não disseminam dados e fatos confiáveis. Eles são gerados pelos usuários e têm 140 caracteres ou menos. O que o Twitter tem a oferecer é a velocidade. A AP faz o que pode em termos de agilidade, mas o Twitter tem uma base global de usuários enviando mensagens a cada segundo, em tempo real. Não se sabe se este é o futuro do jornalismo, mas é pelo menos complementar a ele. Obter informações com rapidez é uma das melhores coisas que se pode fazer no planeta. O Twitter instantaneamente nos conecta ao que está acontecendo no mundo.

Na Bay Area, o assunto sempre volta aos terremotos e às melhores formas de enfrentá-los. Naquele dia 30 de julho, as

## GRANDES MUDANÇAS ACONTECEM EM PEQUENAS DOSES

pessoas tuitavam durante o terremoto, não conseguiam resistir. O impulso de tuitar no meio de um tremor de terra era forte demais. Esses tweets criaram um mapa que media o impacto e o alcance do evento. E eles se espalharam mais rápido que o terremoto. O Twitter conseguia derrotar terremotos.

*Espere aí. Esse negócio não é mais apenas sobre o café da manhã. Não é apenas para contar o que aconteceu. Ele pode prever o que vai acontecer.* Especialistas no campo de atendimento a emergências viram imediatamente que o Twitter poderia fazer algo que o sistema deles não conseguia. E começaram a nos ligar, querendo trabalhar conosco para fazer do Twitter uma parte oficial do serviço de resposta a emergências, mas argumentei que era cedo demais para isso. Nosso serviço ainda não era suficientemente confiável. Não queríamos que alguém morresse porque o Twitter havia caído.

Mesmo assim, depois daquele terremoto, nós e o mundo enxergamos o potencial do Twitter sob uma luz ainda maior do que antes. Para concretizar esse potencial, precisamos ser tanto ubíquos quanto confiáveis. Estávamos prontos para trabalhar agressivamente nas duas frentes.

---

Em janeiro de 2009 estávamos no escritório de Bryant Street (para onde nos mudamos depois do prédio esquisito em South Park), no meio do que chamávamos de Hora do Chá, uma reunião semanal de toda a equipe. A Hora do Chá era a nossa versão da tradição do Google chamada "Graças a Deus é sexta-feira", quando havia cerveja e petiscos grátis. Como Jack gosta de chá, ele pensou que em vez da cerveja poderíamos

**Se este livro fosse limitado a 140 páginas,
acabaria aqui.**

## GRANDES MUDANÇAS ACONTECEM EM PEQUENAS DOSES

nos reunir, falar sobre os progressos da semana e tomar chá com biscoitos. Mas assim que as pessoas perceberam que havia cerveja na geladeira, não teve mais volta. Naquele dia específico, estávamos recebendos um repórter da Wired que estava passando a semana conosco para um artigo sobre o Twitter. Ele estava sentado discretamente no canto, sem se preocupar em contar os detalhes da reunião e preferindo ter uma ideia geral de como era o clima no Twitter. Até que falou:

— Ei, pessoal. Não quero interromper, mas um avião acabou de pousar no Rio Hudson. Um cara do barco que está ajudando no resgate tirou uma foto com o iPhone e tweetou.

A reunião acabou na hora e todos nós fomos olhar o computador dele. Era uma imagem perfeita, mostrando pessoas de terno em pé na asa de um avião da US Airways no meio do Hudson.

A eleição de 2008 foi o momento definitivo para nós porque abrimos caminho para um novo uso da tecnologia, mas esse foi um momento definitivo para o papel do Twitter no reino da transmissão de mensagens. Temos várias opções para contatar eletronicamente as pessoas: e-mail, SMS, serviços de chat e tweets. Cada um tem a sua hora e lugar. Quando um avião pousa no Hudson bem na sua frente, é um tweet. É o ápice do tweet. Você não manda isso por e-mail para um amigo. Você tweeta.

———

No dia sete de abril de 2009, cheguei ao trabalho e encontrei minha caixa de entrada lotada. O telefone do escritório também estava cheio de mensagens. Era a imprensa, e todos faziam a mesma pergunta: qual foi o papel do Twitter na revolta dos estudantes ocorrida hoje na Moldávia?

*É... Onde?*

Quis responder, dizendo: "Bom, não gostávamos do que estava acontecendo na Moldávia, então apertamos o grande botão vermelho com o nome do país aqui na parede no Twitter e desencadeamos a revolta."

Em vez disso, contudo, li sobre a Moldávia na Wikipédia. Acaba que os estudantes do país situado entre a Romênia e a Ucrânia (estes eu conhecia) haviam se organizado para protestar contra os resultados das eleições preliminares do país, pois suspeitavam de fraude. Como o Twitter tinha sido utilizado para organizá-la, a mídia estava chamando de Revolução do Twitter.

As histórias de usuários imaginadas por mim estavam virando realidade, e numa escala ainda maior do que havia pensado. Tudo isso vindo de um app que começou com Jack e eu contando o que tínhamos comido no café da manhã. Não precisava mais dizer aos nossos funcionários que o trabalho deles era importante. Estava claro.

Como expliquei num artigo para o *Atlantic* em 19 de outubro de 2010, claro que a ideia do Twitter mudar o mundo foi não foi sempre bem recebida. Malcolm Gladwell escreveu na revista *New Yorker*: "Era de se esperar parte dessa grandiosidade. Os inovadores tendem a ser solipsistas. Geralmente, querem condensar todos os fatos e experiências isolados em seu novo modelo." Isso me incomodou porque nós não estávamos recebendo o crédito pelos protestos na Moldávia. Pelo contrário, fazíamos de tudo para deixar claro que *não* acreditávamos que o Twitter fosse a voz da revolução. Ele era apenas uma ferramenta que as pessoas usavam para atingir coisas boas. E isso não era incrível o bastante? *Se você der a ferramenta certa, as pessoas farão algo de bom.* Ninguém disse que o telefone derrubou o

## GRANDES MUDANÇAS ACONTECEM EM PEQUENAS DOSES

Muro de Berlim, mas telefonemas foram feitos? Sem dúvida! O Twitter era a prova de que sistemas auto-organizados e sem líderes poderiam ser verdadeiros agentes de mudança.

---

Quando a Primavera Árabe começou, no fim de 2010, senti que era ainda mais importante esclarecer o papel do Twitter.

Ativistas nos países árabes usavam o Twitter e outros serviços como o Facebook para organizar revoltas. Chegou ao ponto de quase podermos antever a próxima revolução. Bastaria ver um aumento de tweets numa determinada região e poderíamos dar um telefonema: "Alô, ditador. É melhor você sair correndo."

Com o progresso da Primavera Árabe, os principais veículos de comunicação de repente queriam que eu falasse sobre o que estava acontecendo. A minha intuição recomendou não fazer isso. Não só porque estava com medo de ser considerado um idiota no que se trata de política internacional, como porque senti que não era certo me gabar ou me concentrar no que tudo isso significava para o nosso negócio. Pessoas estavam morrendo. Eu não iria aparecer na televisão e dizer "Sim, olhem para nós! Somos uma ótima empresa!".

Embora estivéssemos gratos por ser parte visível das mudanças que estavam acontecendo, quis ser muito cuidadoso quanto ao nosso papel. Não tínhamos um relações-públicas nem nada do tipo, então eu era o responsável na prática por decidir se falaríamos com a imprensa e sobre o quê. Então escolhi não falar mais com ninguém. Alguns dos integrantes da diretoria e os investidores mais próximos ficaram do tipo "O quê? Você está maluco? É uma exposição imensa na mídia internacional". Eles estavam certos: sempre que aparecíamos na TV, um milhão de novos usuários se registravam no Twitter, mas eu ainda assim queria dizer não para todos os grandes veículos da mídia. Não queria irritá-los e esperava que falassem sobre o Twitter em algum momento. Eu só não podia dar o meu aval naquelas circunstâncias. Depois, escrevi para Raymond Nasr, meu amigo e conselheiro na área de comunicação. Encaminhei a ele o e-mail que gostaria de mandar em resposta aos pedidos da mídia. Era um texto curto, que dizia basicamente: "Obrigado pelo seu interesse, mas não vamos falar sobre isso." Raymond, que sempre foi muito econômico no uso do idioma, afirmou: "É perfeito. Eu só acrescentaria a palavra *inadequado*."

Então mandei um e-mail dizendo: "Muito obrigado pela oportunidade, mas achamos que não seria adequado fazer a entrevista ou tecer comentários além do que já dissemos ao público no blog da empresa."

A maioria das respostas que recebi foi "Entendido".

Quando quis o emprego no Blogger, me visualizei trabalhando lá. Acreditava que esse tipo de visualização tinha a força de transformar o desejo em realidade. Agora, quando os casos de usuários que imaginei para o Twitter estavam acontecendo de verdade, eu me sentia sonhando acordado. A situação ficou bem séria muito rapidamente. De uma hora para outra, tivemos que decidir como seria a nossa interação com governos.

De vez em quando precisávamos tirar o serviço do ar para manutenção. Sempre que isto acontecia, colocávamos um aviso para os usuários. Mas, em junho de 2009, ao publicar o aviso de manutenção de sempre, imediatamente recebemos umas cem ligações e e-mails: "Você não pode desativar o serviço neste dia! Tem um protesto marcado no Irã." O governo

GRANDES MUDANÇAS ACONTECEM EM PEQUENAS DOSES

iraniano bloqueou o acesso a outros meios de comunicação e o Twitter era considerado fundamental.

Entre todos os e-mails recebidos durante aquele incidente, uma mensagem se destacou. Ela veio de um dos integrantes da diretoria. Um funcionário do governo dos EUA mandou um recado para ele, que me encaminhou informando "Para seu conhecimento".

O Departamento de Estado não queria que o Twitter fosse interrompido para manutenção.

Jason Goldman e eu discutimos o assunto. Precisávamos fazer a manutenção, que já havia sido adiada 13 vezes. Se não a fizéssemos logo, o sistema poderia sofrer danos permanentes.

Finalmente, cedi: "Vamos adiar a manutenção mais uma vez." Não era por um desejo de seguir as ordens do Departamento do Estado (eu nem fingi entender a situação) e sim porque o Twitter *precisava* funcionar, e nosso trabalho era mantê-lo rodando. Os acontecimentos no Irã estavam diretamente relacionados com o aumento na importância global do Twitter como rede de comunicação e informação.

Assim, reagendamos a manutenção planejada para o meio da tarde, que era o meio da noite no Irã. Para o observador externo deve ter dado a impressão de que o Departamento de Estado nos ligou do telefone vermelho e nós corremos para fazer a mudança. O pensamento era: se adiássemos a manutenção porque o governo norte-americano pediu, então o que mais deveríamos fazer para eles? Mas o governo não tem poder de decisão no Twitter. Não queríamos ajudar nosso governo e nem governo algum. Tínhamos que continuar sendo um fornecedor neutro de tecnologia.

Em 16 de junho de 2009, no dia seguinte à manutenção, postei a seguinte mensagem no blog do Twitter:

## UM PASSARINHO ME CONTOU

O Twitter está de volta e a capacidade da nossa rede aumentou significativamente. A manutenção planejada que adiamos de ontem à noite para esta tarde foi um sucesso e levou metade do tempo que esperávamos.

Quando falamos com o nosso provedor de rede ontem para reagendar esta manutenção planejada, nós o fizemos porque os eventos no Irã estavam diretamente ligados ao crescimento da importância do Twitter como rede de comunicação e informação. Embora fosse considerado impossível ou no mínimo extremamente difícil, decidimos mudar a data. Para o Twitter e a NTT America, fazia sentido manter os serviços ativos durante este evento global de alta visibilidade.

É uma lição de humildade pensar que nossa empresa de apenas dois anos esteja tendo um papel tão significativo em termos globais, que foi reconhecido por agentes do Estado. Porém, é importante notar que o Departamento de Estado não tem acesso ao nosso processo decisório. Mesmo assim, ambos concordamos que a troca aberta de informações é uma força positiva no mundo.

Nossa postura era de neutralidade em termos de governo: somos uma ferramenta de comunicação e não ajudamos Estado algum, seja para fins de revolução ou auxílio a investigações governamentais. Tive orgulho quando, exatamente quatro anos depois, no dia sete de junho de 2013, Claire Cain Miller escreveu um artigo no *New York Times* intitulado "Empresas de tecnologia rendem-se ao programa de vigilância", sobre o programa secreto de espionagem dos EUA chamado PRISM, e disse que "o Twitter se recusou a facilitar para o governo",

## GRANDES MUDANÇAS ACONTECEM EM PEQUENAS DOSES

quando a Agência de Segurança Nacional (NSA) procurou as empresas do Vale do Silício pedindo os dados dos usuários.

Alexander Macgillivray, nosso conselheiro-geral, chamado por todos de Amac, fez o que pôde para defender a nossa atitude em termos jurídicos. Não estávamos a serviço de governo algum e fizemos todas as tentativas governamentais de acessar informações dos nossos usuários serem um imenso pé no saco para eles.

Tentamos manter a pureza do nosso objetivo: conectar pessoas instantaneamente em todos os lugares ao que é mais significativo para elas. Para isso ser possível, a liberdade de expressão era essencial. Alguns tweets podem facilitar a mudança positiva num país sofrendo com a repressão, outros podem nos fazer rir, pensar e há os que podem enfurecer a grande maioria dos usuários. Nem sempre concordamos com o que as pessoas decidem tweetar, mas mantivemos as informações fluindo independente da nossa opinião sobre o conteúdo.

Acreditamos que a troca aberta de informações pode ter um impacto global positivo. Esta era uma crença tanto prática quanto ética. Em nível prático, era simplesmente impossível analisar os mais de cem milhões de tweets criados e enviados todos os dias. De uma perspectiva ética, quase todo país do mundo concorda que a liberdade de expressão é um direito humano.

Percorremos um longo caminho desde que fomos rotulados de *Seinfeld* da Internet. Estamos prestes a virar uma empresa adulta graças à criação de uma ferramenta pequena e simples que pode ser utilizada para grandes mudanças. Não mudamos o mundo, mas fizemos algo ainda mais sério e aprendemos uma lição profundamente inspiradora: quando se oferece possibilidades a pessoas boas, elas fazem algo de bom. Não existem super-heróis, mas juntos podemos dar um novo rumo ao mundo.

# 10

## QUINHENTOS MILHÕES DE DÓLARES

O Twitter chamou a atenção do mundo. Numa segunda-feira no fim de 2008, pouco tempo depois de o Evan ter assumido o lugar de Jack como CEO, acordei na minha casinha de Berkeley e por algum estranho motivo decidi usar naquele dia uma camisa social branca, passada e lavada a seco. Nunca visto camisas assim, mas eu a vi no meu armário e vesti. A Livia também disse que eu deveria ir com ela, então fui.

## QUINHENTOS MILHÕES DE DÓLARES

Andei trinta minutos da nossa casa até a estação do centro de Berkeley, passei o cartão pela roleta, sentei-me num banco e esperei o trem. Levo 23 minutos para ir do centro de Berkeley à estação Montgomery Street, em São Francisco, e o trem passa por um tubo preso ao fundo da Baía de São Francisco, como já mencionei. Sempre fico um pouco nervoso na viagem, o que deixou a minha questionável camisa branca meio suada. Sabia que aquela camisa era um erro.

Carregando o meu PowerBook no ombro, caminhei por meia hora da Montgomery Station até o escritório na Bryant Street. Ao chegar lá, aproximadamente duas horas depois de acordar, eu parecia ter vindo de uma sauna.

Assim que entrei no escritório, Jason Goldman avisou que Ev (que havia acabado de assumir o cargo de CEO no lugar de Jack) me esperava no carro lá embaixo.

Não era normal eu aparecer no trabalho e ouvir que Ev me esperava para ir a uma reunião. Algo estava acontecendo.

— Por que ele está me esperando? Que reunião é essa? — perguntei.

— Vai logo.

Dei meia-volta e saí do prédio. Ev estava mesmo me esperando em seu Porsche. Entrei no carro:

— Aonde nós vamos?

— Palo Alto.

— Ah, é hoje que vamos fazer aquela sessão de perguntas e respostas no Google? Queria não ter escolhido esta camisa. Estou me sentindo esquisito com ela.

Era apenas uma camisa social branca e comum, das que se usam por baixo do terno, mas eu estava obcecado. Deveria tê-la colocado para dentro da calça? Eu já me sentia desconfortável naquela camisa idiota e agora estávamos indo para o Google.

## UM PASSARINHO ME CONTOU

Seguimos na direção da 101 South. Ev gosta de dirigir rápido e, apesar da paciência que tem comigo no geral, fica irritado quando tagarelo sem pensar.

— Pare de falar. Não vamos ao Google. Estamos indo para o Facebook.

— Para que estamos indo ao Facebook?

— Ver o Mark Zuckerberg.

— Por quê? — A essa altura, estávamos em uma corrida pela 101.

— O Facebook quer nos comprar. — Às vezes o Evan é um enigma. A expressão em seu rosto nem mudou ao dizer isso.

— Ah. E nós queremos ser comprados?

— Sei lá. Provavelmente não.

Não abrimos a boca por alguns minutos, enquanto Ev cortava e ultrapassava carros, entrando e saindo da pista mais rápida. Pensei em nossa rodada de financiamentos mais recente, que tinha avaliado a empresa em torno de 25 milhões de dólares.

— Quanto o Facebook quer pagar? — perguntei.

— Não sei.

— Você quer vender a empresa para o Facebook? — insisti. Desta vez Ev disse que não.

— Bom — continuei —, então por que estamos indo para o Facebook? Eu me sinto estranho com esta camisa.

Ev disse que a camisa era, na verdade, adequada para a viagem (eu tinha certeza de que ele estava tentando encerrar este assunto) e agora era tarde demais para voltarmos. Ele havia aceitado fazer uma reunião com o Mark Zuckerberg para falarmos sobre a compra.

## QUINHENTOS MILHÕES DE DÓLARES

— Se não queremos vender a empresa, talvez devêssemos colocar um preço tão ridiculamente alto que ninguém pagaria. Assim, honramos a obrigação de ter a conversa, mas saímos dela.

— O que seria um valor bem impossível? — perguntou Ev.

Soltei o maior número que pude imaginar:

— Quinhentos milhões de dólares.

Comecei a rir antes mesmo de terminar a frase. Ev também riu. Estávamos dirigindo em alta velocidade pela 101, gargalhando e imaginando como seria engraçado se o Mark Zuckerberg perguntasse quanto queríamos pela empresa e respondêssemos quinhentos milhões de dólares. Rimos por alguns minutos. Depois Ev disse que talvez não fosse tão simples assim. Dificilmente chegaríamos a falár de valores.

Ao chegar em Palo Alto, estacionamos ao lado de um parquímetro. O Facebook ainda não tinha um grande campus e a sede estava distribuída por alguns edifícios comerciais no centro de Palo Alto. Na entrada, uma recepcionista nos deu crachás e disse que deveríamos usá-los para a equipe saber que éramos visitantes. Obedientes, nós os fixamos nas camisas.

Depois de alguns minutos, um dos homens de confiança do Mark nos cumprimentou. Nós o acompanhamos, primeiro passando por uns programadores trabalhando e depois rumo a um modesto escritório onde Mark nos esperava em sua mesa. Quando nos aproximamos, ele se levantou e apertou nossas mãos. Fizemos os cumprimentos de praxe.

— Vocês não precisavam usar crachás — disse ele.

— Precisávamos, sim. A moça da recepção mandou — respondeu Ev.

— Mandou, mesmo — confirmei.

## UM PASSARINHO ME CONTOU

Mark perguntou se gostaríamos de conhecer a empresa. Quando aceitamos, ele nos levou pelo mesmo caminho por onde tínhamos vindo. Enquanto o seguíamos, Mark apontava um grupo de pessoas trabalhando em seus computadores e dizia algo como "Esse é o nosso pessoal trabalhando". Dava para ver.

Ele nos levou aos elevadores e mostrou um muro decorado com grafites, dizendo:

— Este é o nosso muro grafitado.

Sem dúvida. Dissemos que era bacana.

O elevador nos levou ao térreo, e Mark perguntou se queríamos ver outro prédio. Ev e eu trocamos olhares e nos entendemos, sem palavras: "Isso é estranho, mas vamos em frente para ver o que vai dar."

Coube ao Ev responder:

— Sim, claro, vamos lá.

Como os prédios se espalhavam por alguns blocos de escritórios no centro de Palo Alto, nós logo estávamos andando pela calçada: eu vestindo a camisa branca desconfortável, os dois usando crachás e andando atrás do Zuckerberg.

Mais uma vez, tudo estava muito embaraçoso.

Chegamos a outro prédio e entramos. Mark nos levou até um determinado andar e mostrou mais algumas pessoas trabalhando em suas mesas. Ao passar por eles, Mark disse algo no estilo "Aqui estão mais algumas pessoas trabalhando".

É. Ele tinha razão. Havia mais pessoas trabalhando, igual ao outro prédio. Lancei para o Ev um olhar de "Mas que droga é essa?" e ele precisou segurar o riso.

Mark sugeriu que conversássemos e nos levou a uma saleta do outro lado do andar, provavelmente um escritório vazio.

## QUINHENTOS MILHÕES DE DÓLARES

Na sala cabiam apenas uma cadeira e um sofá de dois lugares. Mark entrou primeiro e pegou a cadeira. Fui logo atrás e me espremi num dos cantos do sofá.

Ao entrar por último, Ev perguntou:

— Prefere deixar a porta aberta ou fechada?

A resposta do Mark foi:

— Sim.

Sim o quê? A resposta não fez sentido. Ev parou um segundo, esperando o Mark corrigir a resposta, mas como não houve mais instruções, ele decidiu:

— Vou deixar meio aberta.

E ajustou cuidadosamente a porta.

A minha camisa branca, a questão do crachá, o tour pelo nada, o posicionamento da porta, o pequeno sofá de dois lugares no qual Ev se espremia ao meu lado (ainda bem que ele é magrinho), as pessoas do lado de fora do escritório aleatório ouvindo a nossa conversa, tudo isso fazia aquela situação ser extremamente incômoda.

Comecei dizendo algo como:

— Mark, queria dizer que admiro o que você faz. E acho que estamos fazendo o mesmo trabalho. Nós dois estamos democratizando a informação e eu adoro isso.

Mark me olhou com uma expressão que dizia *Vou esperar o palhaço da camisa branca terminar para poder falar com o rapaz inteligente.* O que posso fazer? Eu falo muito. Às vezes o Evan tem que dizer: "Tá bom, Biz, pode parar de falar agora, por favor?" Mesmo quando somos apenas nós dois numa reunião, volta e meia Ev diz: "Biz, posso falar agora?"

Mark foi direto ao assunto:

— Quando se trata de parcerias, eu não gosto de falar em quantias.

— Nem nós — emendou Ev rapidamente.

— Mas, se você mencionasse um valor, eu poderia responder sim ou não agora mesmo — completou Mark.

O que iríamos fazer? Após ficar na dúvida por um instante, Ev arriscou:

— Quinhentos milhões de dólares.

Só consegui pensar: *Uau, ele realmente disse aquele valor.* Como já mencionei, Evan é um individuo muito pé no chão. Ele gosta de criar aplicações de produtividade que ajudam a fazer listas de tarefas a cumprir e dar baixa quando elas forem terminadas. Ele presta contas o tempo todo. Em outra época, ele chegou a literalmente reservar um tempo na agenda para brincar com os filhos. Tinha certeza de que "oferecer a nossa empresa ao fundador e CEO do Facebook por quinhentos milhões de dólares" não estava na lista de tarefas do Evan. Eu olhei em sua direção, mas ele estava concentrado em Mark.

Houve uma breve pausa, e o Mark comentou:

— É um valor alto.

Essa foi a minha deixa para fazer uma piada inapropriada, e assim, me intrometi:

— Você falou que responderia sim ou não, mas em vez disso, respondeu "É um valor alto".

Ev riu, mas Mark não achou graça. Certo, este não era mesmo o meu dia. Culpa da camisa.

Em vez de responder, Zuckerberg disse:

— Vocês querem almoçar?

Concordamos e seguimos Mark para fora do prédio até outro edifício genérico em Palo Alto, onde estava a cantina do

QUINHENTOS MILHÕES DE DÓLARES

Facebook. Havia uma fila enorme na porta, dando a volta no quarteirão (conselho deste CEO de boteco para o Facebook: menos muros grafitados, mais funcionários no restaurante). Agora foi a vez do Ev tentar um pouco de humor:

— Você não é o chefe? Não pode simplesmente furar a fila do almoço? — brincou.

— Não é assim que trabalhamos aqui. — Em seguida, virou as costas e começamos a espera na fila. Mark havia achado que Ev estava falando sério. Éramos tão estranhos para ele quanto ele era para nós.

Tenho certeza de que Ev e eu visualizávamos a mesma coisa: uma longa e muda espera na fila seguida por um almoço ainda mais constrangedor à moda do ensino médio durante o qual Mark continuaria a apontar fatos como "Aqui estão algumas pessoas comendo", ou "Aqui estão algumas pessoas se perguntando por que não temos mais funcionários no restaurante". Então eu usei a velha desculpa:

— Caramba, Ev, a gente tem aquele *negócio*.

— Ah, é, o *negócio* — confirmou Ev. Porque um amigo sabe o que significa quando outro amigo tem um *negócio*.

— Temos um compromisso na cidade — falei para o Mark. Talvez ele tenha acreditado, talvez não, mas como obviamente falávamos línguas diferentes, era impossível saber como ele recebeu esta informação. Fomos embora, de qualquer forma. "Aqui estão algumas pessoas saindo."

Aceitar ir àquela reunião foi um erro de principiante. Se você não quer realmente vender a empresa, não aceite o convite para uma reunião de aquisição, porque depois que a oferta é feita você tem a obrigação de apresentá-la aos acionistas para ser analisada a fundo. Há três motivos pelos quais um empreendedor vende a

155

## UM PASSARINHO ME CONTOU

própria empresa e nenhum deles se aplicava a nós. Primeiro: você está prestes a ser esmagado pela concorrência ou processado até perder as calças. Segundo: você está cansado e quer apenas pegar o dinheiro e ir embora. Terceiro: o potencial da sua empresa, quando somado ao de outra, acumula uma ordem de grandeza muito maior do que seria possível obter sozinho (na verdade, nessa época o Twitter ia tão mal tecnicamente que estávamos quase entrando na categoria de empreendedores que deveriam vender por estarem praticamente ferrados. Poderia ter sido uma boa ideia ir para o Facebook, mas não estávamos prontos).

Por incrível que pareça, dentro de uma semana Mark Zuckerberg nos procurou com uma oferta. Era uma mistura de ações e dinheiro que somava (rufem os tambores, por favor)... *Quinhentos milhões de dólares*. Aquele valor surgiu do nada. Foi apenas o maior número que consegui pensar. Eu nem sabia que existia tanto dinheiro assim no mundo. O que havia começado como piada agora era sério. Isso sim é criar as próprias oportunidades.

A oferta foi um grande choque e um dia emblemático para o Twitter. Fizemos uma conferência com a diretoria para discutir o que fazer e, em seguida, Evan escreveu uma carta bem convincente ao conselho explicando por que não estávamos prontos para vender a empresa. Todos os sinais indicavam o potencial de sucesso do Twitter. Tínhamos acabado de começar e achávamos que poderíamos criar uma empresa, mas o único jeito de descobrir era tentando.

A verdade é que éramos tão apaixonados pelo Twitter agora quanto no começo. Queríamos ficar até o fim. Jogávamos pelas nossas regras e estávamos dispostos a sofrer as consequências caso tudo desabasse.

## QUINHENTOS MILHÕES DE DÓLARES

Mais uma vez, a lição aqui não é o meu comportamento, pois sou o primeiro a admitir que foi infantil, quase insolente. Fazer piada sobre uma enorme quantidade de dinheiro e depois propor este valor a sério para possíveis investidores não é o jeito ideal de construir uma carreira ou uma empresa. O que quero dizer é para confiar na sua intuição, mesmo se você for menor e mais fraco que o outro cara.

———

Vários meses depois, numa rodada de financiamento liderada pela Benchmark Capital e pela Institutional Venture Partners, o Twitter foi avaliado em 250 milhões de dólares. A oferta do Facebook, feita com base na minha piada, aumentou o nosso valor. Quem diria que funcionava assim? Eu imaginava que muito mais fatores eram levados em conta para se calcular o valor de uma empresa, mas acaba que não se trata exatamente de uma ciência exata. Tudo começa do zero e um belo dia você se vê numa sala dizendo às pessoas que podem comprar $x$ por cento da sua empresa semiexistente por $x$ milhões de dólares. Você define o valor da sua empresa. É algo inventado e depois confirmado pelo valor que as pessoas estão dispostas a investir.

Atualmente o Twitter vale uns quinze bilhões de dólares. Um dia talvez valha cem bilhões. Estes são valores bem, bem altos, Sr. Zuckerberg.

Hoje em dia eu dou aulas para uma turma de MBA em Stanford com um dos sócios da Benchmark. O foco do curso este ano é a pergunta: a Benchmark deveria ter investido no Twitter na quantidade e na data em que investiu? Os alunos pesquisam a empresa, o mercado, a concorrência e outros fato-

## UM PASSARINHO ME CONTOU

res na avaliação. Um dos pontos principais da pesquisa deles é a oferta de quinhentos milhões de dólares feita pelo Facebook, que ajudou a definir o preço do Twitter. Sempre me divirto na hora de ficar diante da turma, encarar todos aqueles alunos sérios e batalhadores de MBA e dizer:

— Vocês sabiam que isso foi uma piada? Uma piada sem noção?

Quatro anos depois, em 2013, o Facebook comprou o Instagram por um bilhão de dólares em dinheiro e ações. Um bilhão! Quando estava no Porsche do Evan a caminho de Palo Alto, eu jamais poderia imaginar um valor tão alto. Gosto de pensar que Mark Zuckerberg aprendeu algo naquela reunião conosco. Ele não iria mais basear sua aposta numa reles oferta de dinheiro e ações. Mark provavelmente disse ao Kevin Systrom, criador do Instagram: "Você está trabalhando nisso há um ano e meio. Vou lhe pagar um bilhão de dólares." Quer dizer, startup é o escambau. Quem poderia recusar uma oferta dessas?

# 11

## A SABEDORIA DAS MASSAS

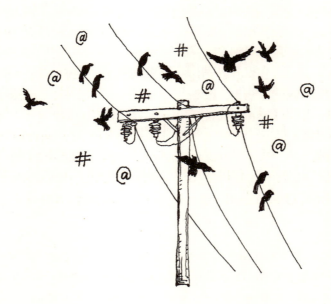

Desde 2007, as pessoas já começavam a chamar as atualizações no Twitter de *tweets* e o ato de postar uma atualização de *tweetar*. Nos primeiros artigos nos meios de comunicação, a polícia da gramática observou a evolução. Eu adorei. Interna e externamente nós chamávamos as postagens de updates e o ato de postar de *twittering*.

A barra lateral do Twitter exibia as estatísticas de utilização, incluindo a quantidade de atualizações feitas pelo usuário. Jason

## UM PASSARINHO ME CONTOU

Goldman e eu tivemos uma conversa para decidir se deveríamos mudar isso e contar os *tweets* em vez de *updates*, pois eu não queria aprovar a terminologia inventada pelos usuários logo de cara. Fazer os usuários criarem uma nomenclatura foi fantástico, semelhante ao surgimento de *googlar* como verbo. Mas eu tinha medo que se nós, a empresa, começássemos a chamá-los de *tweets* seria como os pais dos usuários lhes dizendo que algo era bacana. Eu não queria estragar a magia, por isso evitamos usar o termo *tweet* publicamente ou trocar *updates* para *tweets* no site. Quando nos perguntavam qual era a terminologia, eu dizia: "O serviço se chama Twitter e o ato de usá-lo é chamado twittering." (Isso quase nos ferrou quando tentamos registrar a palavra *tweet*, porque havia poucas evidências de uso por parte da empresa.) Por fim, no verão de 2009, quando a palavra *tweet* foi adotada tão amplamente que *update* parecia genérico demais, nós mudamos a terminologia no site. Fiquei muito animado.

———

Quando se tratava de ouvir os usuários do Twitter, nós cumpríamos o que prometíamos. Observando os padrões de uso pelo sistema, criamos recursos baseados nestes padrões. O criador da linguagem de programação Perl, Larry Wall, disse: "Quando construíram a Universidade da Califórnia em Irvine, apenas colocaram os prédios lá. Não fizeram calçadas, só plantaram grama. No ano seguinte voltaram e construíram as calçadas onde estavam as trilhas feitas na grama. Perl é esse tipo de linguagem. Ela não foi feita para criar axiomas. Perl é a calçada construída sobre a grama." As *hashtags*, as respostas usando @ e os retweets surgiram exatamente dessa forma.

## A SABEDORIA DAS MASSAS

Pouco depois da SXSW em 2007, um amigo chamado Chris Messina, que na época era dono de uma firma de consultoria de internet chamada Citizen Agency e foi um dos primeiros usuários do Twitter, veio ao nosso escritório. Eu estava comendo, bem no meio de um taco sensacional, quando Chris disse:

— Você deveria fazer um recurso de modo que se alguém digitasse #sxsw significaria que está tweetando sobre o South by Southwest.

Jason Goldman e eu ouvimos educadamente a ideia do Chris, mas no fundo achamos que era algo nerd demais para pegar. Pouco tempo depois (talvez o Chris tenha lançado a tendência), porém, as pessoas começaram a usar *hashtags*. E estavam usando-as por mais ou menos um ano, até que em julho de 2009 decidimos fazer um link automático entre o termo da *hashtag* e a página de resultados da busca no Twitter por aquele termo. Agora quando você clicasse em #sxsw, por exemplo, receberia uma página mostrando todos os resultados da busca com a mesma hashtag. Foi bem simples de fazer. Mesmo não tendo certeza se as pessoas usariam, não custava nada experimentar. Parecia uma forma suficientemente boa de agrupar resultados de busca. Hoje em dia as *hashtags* ficaram tão comuns que passaram a ser usadas ironicamente, em contextos que nada têm a ver com o Twitter ou com criar um link para um determinado assunto.

Os usuários do Twitter também criaram um método para direcionar as mensagens a uma pessoa específica usando o símbolo @. Começar o tweet com @biz, por exemplo, significa que você está falando especificamente comigo, por mais que possa destacar uma pessoa específica numa conversa em grupo. Começamos a dar suporte a esse comportamento em 2007,

## UM PASSARINHO ME CONTOU

primeiro fazendo um link entre o "@nomedousuário" e o perfil e depois a uma determinada conversa. O uso da arroba não era novo na web. Nos primeiros fóruns de conversa, para se referir a uma pessoa que tinha falado algo anteriormente na discussão, bastava digitar: "Concordo com o que o @hamguy44 disse."

À medida que o uso da @ evoluiu, nós fomos atualizando o site. As pessoas começaram a usar o símbolo tanto para falar com uma pessoa específica quanto para referenciar algo, como em:

Fui trabalhar hoje de @BART.

Em 2009, começamos a chamar as respostas com @ de "menções" e as reunimos nas páginas de perfil para que o usuário (ou BART) pudesse facilmente ver todos os tweets em que foi mencionado. Depois, nós as reunimos para que os usuários pudessem acompanhar uma conversa no Twitter.

Já o retweet foi um pouco mais polêmico. Vimos que quando alguém gostava de um tweet, copiava e colava o seu conteúdo no campo de digitação do Twitter. Ao dar crédito para o autor, acabava excedendo a contagem de caracteres. Para fugir disso, a pessoa editava o tweet original e acrescentava o "RT" para indicar que era um retweet.

Tudo bem, dissemos, era um recurso útil, porque se um tweet fosse bom e as pessoas quisessem retweetá-lo, uma boa ideia poderia se espalhar. Mas deveríamos fazer um botão que retweetasse o original de modo a impedir a edição do tweet original. Assim, as pessoas não seriam citadas incorretamente e o tweet será postado em nome do usuário que o enviou na sua forma pura. Além disso, por ser um botão, deixaria o

## A SABEDORIA DAS MASSAS

ato mais fácil do que o deselegante copiar e colar. Os tweets populares vão se espalhar rapidamente. Assim, se houver um tweet particularmente bom de um cara com 17 seguidores e eu retweetá-lo para os meus 200 clicando um botão, o tweet vai se espalhar como fogo numa floresta.

Transformar o retweet em uma ação de um clique só foi útil para nós porque facilitava o controle. Se algo era muito retweetado, indicava que era interessante ou importante, então poderíamos usar o retweet para trazer à tona os assuntos mais populares. Depois, nós acabaríamos criando uma área chamada Descobrir que, entre outros recursos, destacava os tweets mais retweetados.

Inicialmente as pessoas ficaram chateadas. Elas não gostaram da proibição de editar um retweet. Estavam acostumadas a controlar isso e não queriam que mudasse, mas nós não cedemos. Às vezes as pessoas resistem à mudança. Nosso jeito preservava a integridade do tweet original e permitia a nós e aos usuários analisá-lo e saber exatamente quem falou o quê. Ninguém poderia falsificar retweets de outras pessoas. Este é um exemplo de como ouvimos os nossos usuários, mas também levamos em conta o que consideramos mais adequado para a comunidade e o serviço, confiando que até os detratores logo enxergariam isso.

---

Esta é uma verdadeira emergência: a sabedoria das multidões, como voar em bando, representa os integrantes de um grupo tomando decisões juntos. A maior mensagem sobre a evolução da nomenclatura era exatamente o que eu dizia aos novos funcionários do Twitter. Nosso trabalho era prestar atenção, buscar padrões e estar abertos à ideia de que não tínhamos todas as repostas.

Essa abordagem para os negócios não é ortodoxa, pois em muitas áreas tradicionais simplesmente não é possível ter contato tão direto com os seus usuários. Se você fabrica bolas de basquete, não consegue ver todos os clientes quicando os seus produtos por aí, mas nós conseguíamos ver os Tweets. Era impossível não ver. Não era possível ler cada um individualmente, mas eles passavam em nossas telas o dia inteiro, fazendo com que esta abordagem fosse especialmente relevante para uma ferramenta como o Twitter. Tínhamos o benefício de ver como as pessoas o usavam. Ele nos ensinou a ter a mente aberta.

Eu havia pensado que estava criando uma empresa de acordo com os meus ideais, mas o que realmente aconteceu ao longo do caminho foi que criei uma marca. E a marca Twitter se tornou reconhecida e ganhou força. Atraímos tanta imprensa e tanto pensamento intelectual que fomos colocados prematuramente lado a lado com o Facebook, quando na verdade tínhamos uma fração ínfima do tamanho deles.

Nossa primeira festa de fim de ano, em dezembro de 2008, aconteceu na adega do Millennium, um restaurante vegano em São Francisco onde também fazíamos as festas de fim de ano da Odeo. Com mais ou menos uma dúzia de funcionários, éramos tão pequenos que cabíamos na sala dos fundos. Há pouco tempo encontrei a antiga apresentação de slides daquela festa. Ainda mantínhamos segredo quanto ao número de usuários que tínhamos. A verdade era que havia 685 mil pessoas registradas agora, quando tínhamos 45 mil na SXSW. Nada mau para um projeto com apenas um ano de vida, mas o burburinho

## A SABEDORIA DAS MASSAS

dos meios de comunicação nos dava dez milhões de usuários. Sempre que alguém me perguntava a quantidade de usuários, eu dizia: "O número de usuários não importa. O importante é que as pessoas estão achando o serviço interessante e útil." Obedecer as nossas próprias regras estava dando resultado. A marca se tornou gigante antes do serviço.

Dois anos depois viria o dia em que o sucesso nos levaria a superar os cem milhões de usuários. Em 2010, na primeira e única Chirp Conference, uma reunião técnica para a comunidade de desenvolvedores do Twitter, eu subi no palco e disse o mesmo de sempre: "O número de usuários não importa. O importante é que as pessoas estão achando o serviço interessante e útil." Mas dessa vez cliquei no botão Próximo para mostrar o novo slide que havia acabado de acrescentar à palestra. Ele dizia: "140 milhões." Até a humildade tem hora e local para acontecer.

# 12

# VOCÊ CONSEGUE LIDAR COM A VERDADE

Em março de 2009, comemorei meu 35º aniversário e tweetei:

Hoje é meu aniversário. Estou na casa dos trinta!

Um site venenoso de fofocas notou a pegadinha e tentou gerar notícia com isso, mas eu só estava me divertindo com um dos velhos truques do meu mentor Steve Snider: oferecer duas verdades que equivalem a uma mentira. Uma vez saí para jantar com ele e a família no Golden Era, um restaurante chinês em Brookline, e alguém perguntou:

## VOCÊ CONSEGUE LIDAR COM A VERDADE

— Ah, este é seu filho?

Steve respondeu:

— Marlene e eu nos casamos em 1973 e Biz nasceu um ano depois.

Duas afirmações verdadeiras que não tinham relação direta uma com a outra, mas que fizeram a resposta parecer um sim.

Quando trabalhei como designer freelancer pela primeira vez, fiz um site para a minha empresa. Para melhorar a página inicial, eu escaneei uma linda foto do catálogo da loja de móveis Pottery Barn, que mostrava um belo escritório com vista para um jardim. Um dia fui a uma reunião numa escola para falar de um bom trabalho, que estava muito interessado em fazer: o design de uma série inteira de livros. A mulher com quem me encontrei comentou: "Gostamos muito do seu escritório." Na verdade, eu trabalhava no porão úmido da casa da minha mãe, então a princípio eu não fazia ideia do que ela estava falando. Até que caiu a ficha. Ela achava que a foto do catálogo era o meu escritório. Eu não menti. Não exatamente. Apenas disse:

— Ah, sim. É o escritório dos sonhos.

Quando Livia e eu moramos por um breve período em Los Angeles, tínhamos dois gatos, mesmo sabendo que animais não eram permitidos no apartamento. Livia sempre ficava com medo de que a senhoria pudesse aparecer e vir os gatos. Eu falei:

— Faça o seguinte. Se a senhoria vier e disser "estou vendo que você tem gatos", você responde "temos amigos que estão fora da cidade. Estamos tomando conta dos gatos."

## UM PASSARINHO ME CONTOU

As duas frases eram verdadeiras. Tínhamos vários amigos que estavam fora da cidade, morando em Boston. E nós sem dúvida estávamos tomando conta dos gatos.

A questão aqui é que mesmo aos 35, eu ainda estava disposto a brincar um pouco com a verdade para transmitir a ideia que desejava. Em outras palavras, eu era meio palhaço. Mas as coisas estavam ficando mais sérias.

# 13

## A POLÍTICA DE NÃO FAZER O DEVER DE CASA

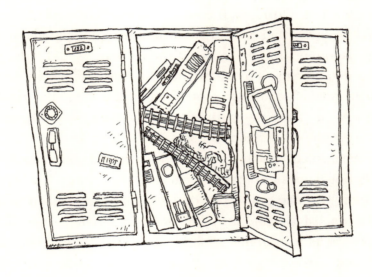

Estávamos no jogo e conseguimos fazer nossas próprias regras, desde a forma de responder aos usuários até a interação com governos, passando pelo valor da empresa.

Minha experiência mais antiga em termos de fazer as próprias regras aconteceu quando entrei no ensino médio. No começo do primeiro ano, tentei ser bem certinho. Fazia exatamente o que mandavam, incluindo o dever de casa. Depois

## UM PASSARINHO ME CONTOU

do treino de lacrosse e do trabalho em meio período como carregador de caixas num supermercado local, eu chegava em casa por volta das 20 horas. A essa altura esperava-se que eu jantasse, fizesse o dever de casa e dormisse para poder acordar e fazer tudo de novo no dia seguinte.

Nas semanas iniciais desse primeiro ano, eu segui o plano à risca. Havia uma determinada quantidade de textos a serem lidos para a aula de História, problemas de Matemática para resolver e tarefas noturnas similares das aulas de Inglês, Ciência Política, Química, Biologia e outras. A carga de trabalho se acumulava e não sou particularmente rápido para ler e nem fazer qualquer tipo de trabalho intelectual. Na verdade, costumo demorar mais que a maioria das pessoas para absorver informações e trabalhar em problemas. Mas, naquela primeira semana, eu estava determinado a fazer tudo. Se todos conseguiam, então eu também conseguiria.

Logo descobri que tentar cumprir todas as lições de casa que me entregavam significava passar todas as noites praticamente em claro. Eu não podia sair do lacrosse (tinha criado a equipe!) e precisava trabalhar para ajudar na renda da família. Os empregos da minha mãe, quando ela os conseguia, não eram suficientes para pagar as contas. Ela havia vendido a casa onde foi criada, se mudado para uma menor e guardado a diferença de valor para que pudéssemos sobreviver. Deu certo por um tempo, mas o dinheiro acabou e foi preciso repetir a estratégia. Nós nos mudamos várias vezes. No ensino médio, a casa onde morávamos tinha chão de terra batida e paredes sem reboco. Agora eu poderia realmente afirmar que éramos "pobres de marré." Minha mãe e eu fazíamos de tudo para melhorar a casa nos fins de semana, mas sempre precisávamos de mais dinheiro.

## A POLÍTICA DE NÃO FAZER O DEVER DE CASA

Este negócio de lição de casa obviamente não iria dar certo. Então decidi resolver o problema e implementar uma política de "Não fazer o dever de casa". Meu plano era simples: eu me esforçaria o máximo possível para prestar atenção e me concentrar totalmente em cada aula, mas não traria meus livros para casa e não faria tarefa alguma. Se o trabalho de casa tivesse a intenção de reforçar o que havia sido ensinado, eu estaria bem, pois me esforçaria para absorver tudo durante as aulas. Depois que cheguei a essa solução, fui tomado por uma sensação de alívio. Restava apenas a pequena questão de comunicar a minha nova política aos professores.

No dia seguinte procurei os professores e expliquei meu plano para cada um deles. A conversa foi basicamente igual com todos: primeiro eu dizia oi e me apresentava. Depois explicava que vinha tentando fazer todas as minhas tarefas de casa nas últimas duas semanas (e talvez tenha deixado implícito que os professores deveriam se comunicar mais entre si sobre a quantidade de trabalho que passavam aos alunos). Disse que precisava ficar acordado até umas 4 horas da manhã para conseguir terminar as tarefas. Infelizmente, não seria possível continuar assim, e então eu os apresentei à política de "Não fazer o dever de casa".

Alguns professores riram, mas por fim, todos acabaram dizendo (cada um do seu jeito) que, se eu realmente quisesse levar o plano adiante, até poderia, mas iria prejudicar a minha nota geral. Eu estava disposto a viver com isso.

Dali em diante, não fiz mais a lição de casa. Prestava atenção nas aulas e me esforçava para absorver o conteúdo. No fim das contas, talvez por ter sido tão direto e claro ao comunicar a minha política, os professores acabaram não me punindo.

## UM PASSARINHO ME CONTOU

Em outras palavras, a política de "Não fazer o dever de casa" não afetou a minha nota geral. Para todos os efeitos, foi um sucesso estrondoso.

Eu me lembro nitidamente da reação de um amigo do ensino médio a esta política. Matt era ótimo aluno, mas não era fácil para ele. Embora estudasse muito, ficava ansioso durante as provas, na hora de responder perguntas e quanto às notas como um todo. No final de um dia na metade do nosso primeiro ano, estávamos os dois diante dos armários. Matt estava enchendo a mochila de livros, enquanto eu tirava todos da mochila e guardava no armário, pois não os veria até as aulas no dia seguinte.

Quando fechei o armário e ficou claro que eu não tinha nem livros e nem mochila, Matt perguntou como eu iria fazer a lição de casa. Respondi:

— Ah, eu tenho uma política de não fazer o dever de casa.

Matt parecia não acreditar e riu, nervoso:

— Você está brincando.

Resolvi me divertir um pouco com ele:

— Matt, estamos nos Estados Unidos da América. Podemos fazer o que quisermos. Liberdade. Tenho uma política de não fazer o dever de casa e ela é ótima.

Fechei o armário com uma ênfase incomum e fui para o treino de lacrosse, livre, leve e solto.

Eu não era contra as regras em si, apenas gostava de analisar o cenário como um todo. Ficar acordado até às quatro da manhã não era realista. Era preciso abrir mão de algo.

A moral da história não é "garoto arrogante dispensa a responsabilidade da lição de casa e se dá bem", embora de modo superficial tenha sido exatamente isso o que aconteceu. A lição de casa costuma ser considerada útil e quem sou eu

## A POLÍTICA DE NÃO FAZER O DEVER DE CASA

para querer criar uma cruzada solitária contra ela (pelo menos não agora. Voltaremos a conversar quando meu filho tiver 12 anos), mas tive a ideia de fazer as coisas de um jeito diferente que funcionava melhor para mim. Não havia mal algum em propor isso à administração da escola. Não custava nada tentar. Afinal, o objetivo da escola não é fazer a lição de casa. O objetivo da escola é aprender. Quando percebi isso, parei de me importar com as notas. Enquanto progredia no ensino médio eu me preocupava em aprender o que me inspirava, então às vezes eu tirava A+ em genética e C em algo fácil. Estava longe de ser um aluno modelo, mas escolhi meu caminho de modo deliberado e consciente. Foi um erro supor que os professores (ou qualquer outra pessoa, aliás) automaticamente sabiam o que era melhor para mim. Se eu pudesse cumprir o objetivo com o qual concordamos mutuamente usando o meu método, não valia a pena tentar?

Na verdade, oportunidades como estas são mais fáceis de reconhecer e implementar no ambiente de trabalho. Você trabalha melhor numa sala pouco iluminada? Rende mais quando tira um cochilo à tarde? Gostaria de trabalhar num projeto paralelo que acha mais interessante? Existe alguma forma diferente de pensar na sua empresa? As regras estão aí para nos ajudar, para criar uma cultura, melhorar a produtividade e estimular o sucesso, mas não somos computadores que precisam ser programados. Somos todos um bando de esquisitos. Só porque alguém tem autoridade não significa que saiba tudo. Se você tratar os chefes e colegas com respeito e seu objetivo estiver alinhado ao deles, vai haver espaço para um pouco de customização e flexibilidade. E, do outro lado, quem está em posições de poder não deveria obrigar as pessoas a seguir um plano apenas por ser o protocolo. A solução sempre consiste em ouvir com cuidado tanto as suas necessidades quanto as das pessoas ao seu redor.

A minha irreverência entrou em campo de novo quando fui ao meu primeiro baile do ensino médio. Eu não costumava me dar muito bem nos desafios sociais oferecidos pelo ensino médio, especialmente nos bailes. Os quocientes de ansiedade e constrangimento eram altos demais. Além disso, eu e meus amigos éramos nerds e preferíamos dedicar todo o nosso tempo livre a ler histórias em quadrinhos ou a jogar videogames.

Porém, perto do final do último ano, quando meu amigo Jay e eu estávamos lendo quadrinhos do Batman no sótão da casa dele, me dei conta de que o último baile ao qual teríamos a oportunidade de ir como alunos do ensino médio estava marcado para aquela noite. Abaixei a revista.

— Jay, a gente não pode perder o baile de hoje.

Ele me olhou surpreso. Afinal, sempre perdíamos os bailes.

— Por que não? — perguntou ele.

— É um rito de passagem. Esta é a nossa última chance.

De repente, fui tomado por um fervor. Fiz um discurso improvisado sobre o quanto esse momento era importante e como não poderíamos deixá-lo passar em branco ou nos arrependeríamos pelo resto da vida. Dali a vinte anos, quando fôssemos velhos de 38 anos, nós nos sentaríamos em cadeiras de balanço numa varanda em algum lugar, sacudindo a cabeça, arrependidos pela trágica escolha feita na juventude (mas fiz

## A POLÍTICA DE NÃO FAZER O DEVER DE CASA

uma pausa para pensar que definitivamente teríamos carros e permissão para dirigi-los nessa idade. Maneiro.) Mas, sério, tínhamos que ir àquele baile.

Jay suspirou e largou a revista, pois viu que eu não iria desistir.

Contudo, mesmo agora que o Jay estava relativamente convencido, essa decisão de última hora seria difícil de executar. Já eram 20h40 e as portas do baile fechariam em vinte minutos. Havia uma regra rígida que proibia a entrada depois das 21 horas. Nenhum de nós tinha carro ou carteira de motorista. Teríamos que pegar as nossas bicicletas e correr muito para chegar a tempo.

Pedalamos furiosamente pelas ruas de Wellesley, mas quando chegamos perto da cantina, prontos para pagar o ingresso de seis dólares, vimos as portas fechadas. Em pé diante delas, como um guarda de prisão, estava o vice-diretor. O nosso atraso era de no máximo dois minutos. Ofegante, consegui dizer:

— Viemos para o baile.

— Tarde demais. As portas já fecharam — disse o vice-diretor, seco.

— Tudo bem, já entendi — respondi.

Jay me lançou um olhar curioso. Ele me conhecia muito bem a ponto de se perguntar por que eu teria desistido tão rápido após aquele discurso passional. Eu não iria usar a lábia para entrar. Normalmente, até tentaria isso, mas dava para ver pela atitude do vice-diretor que naquela noite, não daria certo. Dei meia-volta e disse:

— Vamos, Jay. Vamos fazer outra coisa.

Jay suspeitou que eu estivesse aprontando alguma, e tinha razão. Eu não iria desistir assim tão fácil. Tínhamos que ir ao

## UM PASSARINHO ME CONTOU

baile. A minha determinação estava tão forte agora quanto nos últimos 22 minutos. Enquanto nos afastávamos da porta e do vice-diretor, falei baixinho para o Jay:

— A gente vai conseguir entrar.

Andamos silenciosamente até o outro lado da cantina, onde havia imensas janelas basculantes. Elas com certeza estariam abertas para ventilar um local cheio de adolescentes suados. Entrar por uma delas seria moleza.

Pois as janelas estavam abertas. Nos esprememos e entramos. Alguns garotos notaram, mas por que eles se importariam conosco?

— Entramos, Jay. É agora. O nosso último baile do ensino médio. Vamos fazer valer a pena!

Em nossa sessão-relâmpago de planejamento, Jay e eu decidimos deixar de lado todas as inseguranças, assumir um falso ar de ousadia (manifestação precoce do Biz Stone, Gênio) e pedir para dançar com as garotas de quem sempre havíamos gostado. Mas foi só nos virarmos e... Lá estava ele. O Vice-Diretor Estraga-Prazeres, cujo queixo caiu quando nos viu. Fomos pegos no flagra. Ele nos mandou acompanhá-lo até o seu escritório.

Subimos as escadas com dificuldade: primeiro o vice-diretor, depois eu e por último o Jay. Quando chegamos ao fim e entramos no corredor rumo ao escritório, fui tomado por um impulso súbito. Eu iria seguir o meu plano de qualquer jeito, não importava o que acontecesse. Enquanto o vice-diretor apertava o passo, dei meia-volta e comecei a descer as escadas. Quando passei correndo ao lado do Jay, falei baixinho:

— Ainda vamos conseguir.

## A POLÍTICA DE NÃO FAZER O DEVER DE CASA

Jay hesitou por um momento e travou, arregalando os olhos. Foi quando o vice-diretor deve ter olhado para trás. Ele gritou algo para a escada na direção da nuvem de poeira que eu tinha deixado para trás. Jay acelerou para me acompanhar. A perseguição havia começado!

Com agilidade, pulei até o fim das escadas, onde esbarrei num dos meus melhores amigos, Marc Ginsburg. Marc e eu passamos a infância juntos. Quando criança, eu praticamente morava na casa dele. Como o pai de Marc era um dentista bem-sucedido, ele comprara um Apple IIe para a família, que usávamos constantemente. Embora Marc fosse mais alto que eu, tínhamos cabelos e traços parecidos. Quando o vi, não pensei duas vezes:

— Não me pergunte o motivo, mas troque de camiseta comigo agora.

Marc, um verdadeiro amigo, aceitou na hora e sem questionar. Rapidamente ele estava vestindo a minha camiseta preta e eu, a amarela dele. Fugi para longe e, quando estava a uma distância segura, olhei para trás e vi o vice-diretor pegando o Marc pelo ombro, pronto para dar a bronca e depois pedindo desculpas ao perceber que era o aluno errado.

Durante este confronto, Jay conseguiu se infiltrar na multidão, onde nos reencontramos em segurança.

Tínhamos conseguido.

E fomos direto ao assunto. Naquela noite consegui dançar com todas as três garotas de quem tinha gostado, mas fora tímido demais para abordar durante todo o ensino médio. Até ganhei um beijinho de cada uma. Jay teve uma experiência parecida, e me senti vingado. O ensino médio estava acabando e pela primeira vez na vida eu não sabia o que viria a seguir. A tela excessivamente em branco do meu futuro me decepcionaria, mas pelo menos eu estava aproveitando a noite ao máximo. O baile acabou sendo tudo o que havíamos desejado. Qualquer punição recebida valeria a pena.

Na segunda-feira, era hora de arcar com as consequências. Jay e eu fomos convocados ao escritório do diretor. Ele disse que receberíamos uma "suspensão interna", significando que ficaríamos em salas separadas o dia todo, não poderíamos ir às aulas e, claro, isso entraria no nosso "registro permanente". (Existia uma coisa dessas? E se existisse, não poderia deixar de imaginar em que termos o documento descreveria a minha política de não fazer o dever de casa). Também precisamos redigir uma redação sobre o que tínhamos feito de errado e depois fomos obrigados a ver a psicóloga da escola.

Tudo isso me pareceu perfeitamente razoável. Na verdade, era uma sentença bem mais leve do que eu tinha imaginado. Fiquei especialmente feliz com a parte da redação. Eu adorava escrever. E, quando me sentei na sala de detenção vazia para redigi-la, percebi que era a oportunidade perfeita de explicar por que, nesse caso, o fato de descumprirmos as regras havia sido completamente justificado e valido muito a pena. Regras são feitas para servir a um propósito, mas a política de "portas fechadas às 21h" era inútil, até onde constava para mim e o Jay. Era um abuso de poder. Não éramos problemáticos e o atraso não tinha afetado ninguém. O baile era importante para nós e, diante da inflexibilidade do vice-diretor, não tivemos escolha a não ser desafiá-lo e nos arriscar a sofrer as consequências. Agora estávamos cumprindo a punição de bom grado. Como bônus, acrescentei algumas referências de desobediência civil que aprendi na aula de Ciência Política e cruzei os dedos, torcendo para que o Jay estivesse fazendo o mesmo.

## A POLÍTICA DE NÃO FAZER O DEVER DE CASA

Mais tarde, chegou a hora de visitar a psicóloga da escola. Bati na porta do escritório e ela me convidou para entrar e me sentar. Eu me sentei, houve um momento de silêncio e depois ela começou a falar o quanto o meu texto fora convincente e como era impossível não concordar com as decisões que eu tinha tomado.

Quando encontrei o Jay no fim do dia, fiquei contente ao saber que ele tinha seguido a mesma linha em seu texto. Quebrar as regras não era o fim do mundo. Nós nos mantivemos firmes contra a administração e vencemos. Além disso, não prejudicamos ninguém. Foi uma pequena desobediência, mas um momento importante para um adolescente. Já sabia a diferença entre o certo e o errado, mas agora eu via que também poderia confiar no meu próprio código moral. Quem fazia as regras era sujeito a falhas (exatamente como eu) e, portanto, eu tinha todo o direito de desafiá-los. Se estivesse disposto a enfrentar as consequências, poderia jogar com as minhas próprias regras.

Confie na sua intuição, saiba o que você quer e acredite na sua capacidade de chegar lá. Regras e convenções são importantes para escolas, empresas e a sociedade em geral, mas nunca devem ser seguidas cegamente. E sempre ajuda ter um parceiro no crime com a mesma mentalidade.

# 14

# AS NOVAS REGRAS

Dezesseis anos mais tarde, eu ainda era o mesmo garoto que não achava que devia ouvir o vice-diretor. Seguir a minha intuição agora não significava apenas dispensar a lição de casa, invadir bailes do ensino médio e definir o valor da nossa empresa fazendo uma piada enquanto usava uma camisa horrorosa e andava

---

Bem-vindos, Monstros

## AS NOVAS REGRAS

de carona num Porsche. Significava fazer uma empresa crescer rumo a algo em que pudesse acreditar. Como já mencionei, embora fosse realmente apaixonado pelo produto, eu também tinha paixão por quem éramos como empresa: qual era a nossa cultura e como sustentá-la durante o processo de crescimento. Não era uma questão de quebrar as regras e sim de criar as próprias. Transformei o Twitter numa empresa fiel às minhas crenças.

---

O lema interno extraoficial do Google é "Não seja mau". De acordo com esta ideia, a empresa deve promover o bem no mundo mesmo que isso signifique abdicar dos ganhos a curto prazo. Não é o pior lema do mundo, quer dizer, sempre existe o "Seja mau", mas há margem de manobra neste "Não seja mau". O lema parece moralmente sincero e deixa implícito que "Temos o poder para sermos maus, mas não vamos usá-lo". Porém, aforismos formulados na negativa são fracos. O lema da Nike é *Just Do It* (Apenas faça), não "Não fique aí sentado". Com esse lema, o Google mede as suas ações numa escala de maldade em vez de uma escala de bondade. Sendo assim, estão de parabéns. Vocês não foram maus. Agora vamos ver o quanto conseguem ser bons.

Outra observação que fiz quando trabalhava no Google foi que tínhamos uma abordagem diferente quanto à interseção entre pessoas e tecnologia. O Google é composto de gênios, que são impressionantes no desenvolvimento de tecnologia. Estão fazendo carros que dispensam o motorista. Sério, é um carro andando por aí sozinho, sem ninguém ao volante. Uma proeza e tanto, que também representa o mundo do Google, no qual a tecnologia pode resolver qualquer problema. Quando

## UM PASSARINHO ME CONTOU

trabalhava lá, passava os intervalos andando pelo campus e gostava de dar uma espiada nas salas. Uma vez vi um cara descalço, sentado no chão e cercado por aparelhos de TV e receptores de TV por assinatura desmontados. Então perguntei:

— O que você está fazendo?

— Estou gravando tudo o que está sendo exibido em todos os canais do mundo.

— Tudo bem. Continue com o bom trabalho — respondi e saí lentamente da sala.

Em outra ocasião, fui parar numa sala cheia de gente trabalhando no que pareciam ser máquinas de costura movidas a pedais. Cada máquina emitia uma sequência de flashes florescentes e zumbidos. O lugar parecia uma versão high-tech destas confecções que escravizam trabalhadores. Cheguei mais perto. Entre os flashes de luz, estes "alfaiates" viravam páginas de livros para escaneá-los. Quando perguntei aos trabalhadores o que estavam aprontando, eles revelaram que escaneavam todos os livros já publicados. Mais uma vez, saí lentamente da sala. Eu saía lentamente de várias salas no Google.

O Google tem um foco bastante forte na tecnologia e isso funciona muito bem para eles. Minha experiência lá me ensinou que eles primeiro compravam a tecnologia, e depois, as pessoas.

Acredito no oposto disto. Nem tudo se resume à quantidade de servidores que você tem ou à sofisticação do seu software. Essas coisas importam, mas o que realmente faz uma tecnologia ser significativa (para os usuários e os funcionários) é a forma pela qual as pessoas vão usá-la para efetuar mudanças no mundo.

Não quero criticar o Google. Obviamente, eles são brilhantes. É que as minhas prioridades são outras. As pessoas vêm antes da tecnologia.

## AS NOVAS REGRAS

À medida que o Twitter crescia rapidamente, decidi que a melhor forma de doutrinar novos funcionários para a nossa cultura era dar a eles uma série de suposições que eu gostaria que levassem consigo durante a realização dos seus trabalhos.

Fazemos suposições o dia inteiro sobre o mundo em que vivemos e as pessoas que o habitam. O cara que fechou você na entrada da via expressa é um babaca. A colega que não fez o trabalho prometido é incompetente. Se eu passei a semana inteira trabalhando num problema, a minha proposta é melhor do que a ideia da pessoa que chegou atrasada na reunião e lançou uma alternativa improvisada. O mais importante em qualquer empresa é o lucro (exceto se for uma organização sem fins lucrativos).

Se analisarmos o que está por trás das nossas suposições, não vamos encontrar conhecimento ou sabedoria, mas sim medo. Temos medo de que as ideias alheias nos deem sensação de *inferioridade*. Temos medo de fazer uma mudança e o produto não sair a tempo. Temos medo da pessoa que nos fechou bater no nosso carro. Temos medo da falência da empresa se os lucros não forem maximizados. Alguns desses medos fazem sentido. Quem gostaria de sofrer um acidente de carro? Mas o medo na ausência de conhecimento gera irracionalidade. Pense na velha crença universal de que o trovão significaria a fúria dos deuses. Essa suposição não levaria as pessoas muito longe. Talvez elas evitassem os raios, mas será que aprenderiam a canalizar a eletricidade? Dificilmente.

---

Quando eu era pequeno, tinha medo do escuro. Era aquele medo infantil clássico de que havia monstros embaixo da minha cama. Por algum tempo, tive um acordo com os monstros, dizendo telepaticamente a eles: *Acredito totalmente em vocês. Não precisam aparecer para provar que existem. Eu concordo.* Isso parecia afastá-los, mas até eu conseguia ver que era apenas uma solução temporária.

Após alguns meses de horror, tive uma ideia. Decidi dar um fim àquele sofrimento. O plano era simples: eu iria para o meu quarto e deixaria a luz apagada, expondo-me assim a todos os terrores que a noite pudesse trazer. Se houvesse monstros, seria a grande chance de me atacarem. A ideia era que se eles me atacassem, seria realmente horrível. Por outro lado, pensei, se os monstros me atacassem significaria que eles realmente existiam, o que seria irado. Inicialmente assustador, é claro, mas depois... Imagina só! A emoção de descobrir a existência de todo um mundo sobrenatural estava bem ao alcance das minhas mãos. Bastava suportar um ataque de monstros de proporções imprevisíveis para ter esse conhecimento. Possivelmente por apenas uma fração de segundo antes de ser despedaçado e meus restos mortais utilizados para fazer ensopado de menininho, mas mesmo assim. Naquela noite, entrei no quarto e não liguei a luz. Fiquei em pé no escuro, esperando. Nada. Nenhum monstro. Não houve ataque. Nenhuma descoberta que mudaria o mundo quanto à existência de formas de vida inumanas. Além disso, dali em diante não tive mais medo do escuro.

Sempre devemos buscar o conhecimento, mesmo diante do medo. Por isso, dei aos funcionários do Twitter uma série de suposições esperando que substituíssem os seus medos

## AS NOVAS REGRAS

e servissem de lembrete para manter a mente aberta, buscar conhecimento e enxergar o cenário como um todo.

Quando novos funcionários entraram no Twitter, Evan e eu nos reunimos com eles. Dedicamos um tempo para contar a história da empresa desde o início, além de partilharmos e discutirmos estas seis suposições:

**Suposições para funcionários do Twitter:**

1. Nem sempre sabemos o que vai acontecer.
2. Há mais pessoas inteligentes lá fora do que aqui dentro.
3. Vamos vencer se fizermos a escolha certa para os nossos usuários.
4. O único acordo que vale a pena fazer é aquele em que todos saem ganhando.
5. Nossos colegas de trabalho são inteligentes e têm boas intenções.
6. Podemos criar uma empresa, mudar o mundo *e* nos divertir.

AS NOVAS REGRAS

## NEM SEMPRE SABEMOS O QUE
## VAI ACONTECER.

Se pensarmos que sabemos o que está por vir, fracassaremos. Precisamos deixar a porta aberta para desenvolvimentos novos e surpreendentes. Alguns dos recursos mais populares do Twitter (*hashtags*, respostas com @, retweets) foram criados pelos usuários, de modo geral. Não sabíamos que eles surgiriam. Ao ficarmos abertos ao desconhecido, não forçarmos a nossa vontade ou visão só porque era nossa; ao observar o que as pessoas estavam fazendo e buscarmos padrões, conseguimos criar um serviço cujo funcionamento estava de acordo com a forma que as pessoas desejavam usá-lo.

O principal elemento dessa suposição é a humildade. Só porque você trabalha para uma empresa bem-sucedida não significa que saiba tudo. Como indivíduos e empresas, vemos as nossas fortunas aumentarem e diminuírem. Nem o sucesso e nem riqueza faz de você onisciente. A capacidade de ouvir, observar e extrair lições de lugares óbvios e improváveis gera originalidade e crescimento.

## HÁ MAIS PESSOAS INTELIGENTES LÁ FORA DO QUE AQUI DENTRO.

Esta suposição também fala de uma humildade básica: não se considere um gênio (mesmo se o seu cartão de visita afirmar isso). Ela ainda leva em conta que, no momento de sua criação, havia 45 pessoas nos escritórios do Twitter e seis bilhões fora de suas paredes. O fato de haver mais pessoas inteligentes lá fora do que aqui dentro era uma verdade absoluta.

Isso significa que não devemos procurar respostas aos nossos desafios apenas internamente. Orientei nossos funcionários a procurar por toda parte. Pergunte às pessoas, olhe em volta, pesquise, mantenha a cabeça fria. Não pense que você é tão bom assim. Não suponha que somos os únicos capazes de resolver os nossos problemas. Devemos construir um centro de processamento de dados, ou alguém já fez um melhor?

Essa crença tem alguns corolários: a sua primeira ideia nem sempre é a melhor. A *sua* ideia nem sempre é a melhor. As ideias do nosso grupo nem sempre são as melhores. É fácil concordar com isso na teoria, mas é bem mais difícil engolir o orgulho quando você precisa deixar de lado uma ideia que defendeu. Eu queria que a nossa empresa reconhecesse e valorizasse esses sacrifícios tanto quanto aplaudíamos as grandes ideias.

AS NOVAS REGRAS

## VAMOS VENCER SE FIZERMOS A ESCOLHA CERTA PARA OS NOSSOS USUÁRIOS.

Eu não amo a palavra *usuários*, porque parece muito ligada a software, mas a equipe do Twitter vinha de software, então eu falava a língua deles. Gostaria que eles sempre tivessem em mente de que maneiras poderiam melhorar o serviço para quem o usava. Era a versão positiva do "Não seja mau". Toda vez que tomávamos uma decisão sobre algo a acrescentar, mudar ou retirar do produto, a grande e simples pergunta era: isso faz com que a experiência seja melhor para as pessoas?

Depois que saí da empresa (vou contar mais adiante), o Twitter comprou o Vine, um serviço de compartilhamento de vídeo em dispositivos móveis. Foi uma ótima aquisição. Se a pergunta é "isso vai melhorar o serviço para as pessoas?", a resposta é obviamente sim: compartilhar vídeos pelo Twitter o deixa mais divertido, envolvente e facilita que as pessoas se expressem.

Em geral, quando gerentes de produto estão discutindo se um determinado produto deve mudar algo e não conseguem chegar a um acordo, transformam o recurso em algo que os usuários podem ativar ou desativar. Mas isso não tem graça. Nós sabemos (todos os desenvolvedores sabem) que mais de 99% das pessoas não alteram a configuração padrão. Com que frequência você mexe no seu aparelho de TV para mudar o contraste? Tornar um recurso opcional equivale a colocá-lo na gaveta da bagunça. Está guardado, mas na prática é inútil e perdido. A nossa responsabilidade é decidir o que faz mais sentido. Se vamos criar, vamos usar.

## UM PASSARINHO ME CONTOU

A área onde as empresas costumam perder a visão do que é melhor para os clientes com maior frequência é a monetização. Devemos fazer anúncios cinquenta por cento maiores para ganharmos mais dinheiro? Eles deixam a página feia e dificultam a leitura. Isso é bom para os usuários? *Não.* Devemos dividir a empresa em dois prédios porque não podemos pagar por um inteiro? Isso gera confusão e decisões ruins para o produto. É bom para os nossos usuários? *Não.* Devemos enganar o usuário para que ele clique num anúncio? *Óbvio que não.* Devemos ludibriar os nossos usuários para clicarem em algo? *De jeito nenhum!* Essas escolhas podem ser difíceis, especialmente se você precisa muito do dinheiro, mas tem que haver outro jeito. A criatividade é um recurso renovável. Não se venda. Continue pensando. Leve em conta se o indivíduo comum vai se beneficiar com a mudança e baseie todas as suas decisões nesse requisito.

O fracasso em torno do lançamento da nossa plataforma para desenvolvedores em 2007 é um exemplo perfeito disto. Se tivéssemos pensado na experiência do usuário desde o início, teríamos evitado muitos problemas para nós, para os usuários e os desenvolvedores.

Porém, quando lançamos os tweets patrocinados, agimos certo. Os anúncios eram monitorados por um algoritmo que media o interesse das pessoas por um determinado anúncio através dos tweets que haviam sido marcados como favoritos, os retweets e a taxa de cliques. Se o anúncio não gerasse respostas positivas, poderia ser removido. Isso significava que fornecíamos aos usuários o que eles gostavam. Os anúncios eram bons para os usuários porque, se o Twitter gerasse dinheiro, ele continuaria a existir.

AS NOVAS REGRAS

# O ÚNICO ACORDO QUE VALE A PENA FAZER É AQUELE EM QUE TODOS SAEM GANHANDO.

Não existe acordo bom quando uma das partes fica com o palitinho menor. Acordos são como relacionamentos: queremos que durem. Não estou apenas falando de adquirir outra empresa, mas também de fazer uma parceria com outra empresa, dividir as tarefas dentro do seu grupo ou se casar. Pense em como derivativos custaram caro aos Estados Unidos na crise das hipotecas. Derivativos são um jogo de soma zero: quando uma parte vence, a outra perde. Não há benefício para todos, é ganhar ou perder. Obviamente essa é uma simplificação, mas no geral os mercados se baseiam em perdas e ganhos. Num acordo de negócios, contudo, se os termos não forem mutuamente benéficos, uma vitória de curto prazo se transformará numa derrota de longo prazo. Você perde a fé que a outra empresa tem em você e a disposição deles para fazer mais um acordo. Também perde a disposição dos colegas de ficar até tarde e te ajudar a cumprir um prazo. De certa forma, cada acordo põe a sua reputação e o seu negócio em risco. Pense nisso como uma prática de mergulho. É preciso haver a mesma pressão dentro e fora do corpo, ou os seus pulmões e tímpanos começarão a explodir. Preciso fazer uma revelação agora. Eu nunca mergulhei, mas pode acreditar: desequilíbrio é ruim.

Kevin Thau, que trabalha na minha atual empresa, a Jelly, costumava gerenciar tudo o que era móvel no Twitter e fez todos os acordos com as operadoras. Há pouco tempo ele recebeu uma mensagem de um gerente de uma grande operadora de telefonia móvel no Reino Unido, dizendo: "Não sei o que é Jelly, mas se você quiser pré-instalar em nossos celulares, é só me ligar." Ninguém recebe esse tipo de proposta a menos que tenha um histórico de acordos fantásticos realizados.

Outro exemplo disso veio depois, quando saí do Twitter e criei a Jelly. Duas pessoas que me ajudaram a desenvolver a ideia saíram de seus empregos e me acompanharam na nova empreitada. Uma delas por acaso estava na lista de engenheiros que a empresa não poderia perder sob hipótese alguma. Quando o engenheiro em questão contou que estava de saída, eles ofereceram a Lua e as estrelas em termos de ações e salário. Prometeram que ele poderia trabalhar em qualquer projeto com a equipe que desejasse. Aí um dos mais importantes executivos do Twitter saiu junto comigo. Não era a minha ideia roubar o pessoal, foi um acidente, mas quando aconteceu, Dick Costolo, o CEO do Twitter (e meu amigo), teve a obrigação profissional de me encontrar para beber e me dar uma bronca.

Quando ele terminou o esporro, falei:

— Posso dar um pequeno conselho?

Ele respondeu:

— Ai, caramba. O que foi?

— Se você tem uma lista de pessoas que não quer perder de jeito algum, não espere elas saírem para oferecer mais dinheiro e opções de ações.

Ele concordou. Então pedimos outra rodada e fizemos as pazes.

AS NOVAS REGRAS

## NOSSOS COLEGAS DE TRABALHO SÃO INTELIGENTES E TÊM BOAS INTENÇÕES.

Esta é a quinta suposição que apresentei aos meus funcionários na fase de orientação. Inventei um exemplo: imagine que exista um cara chamado Scott no departamento de marketing. Ele criou um plano para um produto que você está desenvolvendo e, segundo ele, vai levar três meses para colocar em prática. Três meses depois, o produto está pronto para o lançamento e o Scott aparece com um plano diferente, em escala menor. Não é tão bom quanto a primeira versão. Em vez de supor que o Scott é preguiçoso ou um babaca idiota, por que não falar com ele e se apresentar? *Oi, eu sou o Biz. Em que posso ajudar?*

Você não sabe como a situação toda se desenrolou. Houve alguns obstáculos no caminho, decisões precisaram ser tomadas. Você passou pelo mesmo processo no desenvolvimento do seu produto, que era para ter os recursos $w$, $x$ e $y$, mas saiu com $x$ e $z$. Foi preciso reduzi-lo, mas ele ainda é motivo de orgulho. Você também não quer ser considerado um idiota pelo Scott. Em empresas grandes e difíceis de gerenciar, todo mundo acaba parecendo idiota em algum momento.

O desconhecido é assustador. É por isso que um homem das cavernas prefere não entrar numa caverna totalmente escura. Quem sabe o que se pode encontrar pela frente? Ele escolhe golpear com a lança antes de entrar ou então sair correndo. Num cenário de negócios, esse medo se manifesta na suposição de que o colega está fazendo algo errado. Mas em vez de usar

## UM PASSARINHO ME CONTOU

a lança, você supõe que ele seja o inimigo. A comunicação equivale a acender uma tocha na caverna escura. Isso é especialmente verdadeiro quando você é o CEO. Se os investidores e integrantes da diretoria não tiverem noticias suas, vão ficar com medo de você estar fazendo um mau trabalho. E eles não vão aparecer no seu escritório para fazer o design de um novo produto. O único poder que têm ao seu dispor é demitir quem está no comando.

Com o crescimento do Twitter, precisamos seguir na fé, supondo que os nossos colegas, que passaram por um processo de recrutamento rigoroso, fossem competentes e motivados. Talvez o Scott *seja mesmo* um babaca (acontece!), mas você não deve supor isso. Imagine se todos trabalhassem com um determinado nível de confiança uns nos outros. Talvez fosse um ambiente de otimismo exagerado, mas as pessoas brilham quando recebem o benefício da dúvida.

AS NOVAS REGRAS

## PODEMOS CRIAR UMA EMPRESA, MUDAR O MUNDO *E* NOS DIVERTIR.

Pode ser um objetivo arrogante, mas eu quero redefinir o capitalismo. Há lugar melhor para começar do que a minha própria empresa? Tradicionalmente, as empresas são movidas pelo sucesso financeiro, mas desejo que a nova definição envolva ter um impacto positivo no mundo *e também* amar o seu trabalho. Quero elevar o nível do que se considera sucesso. Se faltar algum desses princípios, você não deveria ser considerado bem-sucedido tanto nos seus termos quanto nos da sociedade. Disse a todo funcionário que chegava:

— Aqui está um novo nível de sucesso. Vamos alcançá-lo.

———

Evan e eu agora gerenciávamos uma empresa incrivelmente bem-sucedida. Poderíamos ter enviado os novos funcionários do Twitter para o departamento de recursos humanos e dado o dia por encerrado. Ou poderíamos ter dito:

— Bem-vindos ao incrível mundo do Twitter. Somos irados. Boa sorte.

Mas tivemos uma abordagem diferente. Apresentamos a cultura da empresa aos novos funcionários como uma em que ouvíamos uns aos outros e também aos usuários do nosso sistema. Os novos funcionários percebiam o nosso interesse pela forma de encararmos não só o próprio trabalho, como

## UM PASSARINHO ME CONTOU

uns ao outros. Eles perceberam que não pensávamos apenas no lucro. Além de terem sido apresentados à empresa, os novos funcionários aprenderam algo sobre seus líderes. Nós fomos equilibrados, falamos de nossas teorias sobre não sermos arrogantes e egoístas, e não fomos babacas. Essas coisas fazem a diferença. A orientação foi como um todo maior do que a soma de suas partes.

# 15

## VINTE E CINCO DÓLARES AJUDAM BASTANTE

Quando eu era criança, sempre sonhei que podia voar. Depois, essa sensação evoluiu e passei a acreditar que algum dia eu faria algo extraordinário, mas não tinha ideia do que poderia ser e nunca parecia estar no caminho certo. Então, no início de 2009, fui convidado para participar do *Colbert Report* como representante do Twitter. Se havia alguma forma confiável de avaliar se tinha conseguido vencer na vida, era essa. Os produtores de um programa de TV que eu realmente gostava me

## UM PASSARINHO ME CONTOU

convidaram para participar do show e falar sobre o que estava fazendo. Até onde me constava, aquele convite significava que eu havia feito algo extraordinário. Por que outro motivo o Stephen Colbert iria querer falar comigo? Foi um grande momento. O Twitter tinha acabado de superar os obstáculos de startup e eu estava nas nuvens. Agora que o Twitter era importante, eu fazia questão de garantir que iríamos usar os nossos poderes para o bem. Esse instinto sempre pareceu estar comigo, mas há alguns momentos que certamente contribuíram para aumentar a consciência de como eu gostaria de ser no mundo.

Primeiro, no ensino médio, eu me lembro de uma garota me perguntar se tinha gostado de um desenho feito por ela. Respondi: "Não, não gostei." Ela ficou arrasada. Que tipo de resposta imbecil foi essa? Eu a havia magoado. Todos nós temos momentos como esse na infância, fatos que nenhum dos outros envolvidos se lembraria, mas é quando uma lâmpada é acesa e a sua perspectiva muda para sempre. Naquele momento, quando feri os sentimentos da minha colega de turma e artista amadora, amadureci e criei empatia. Não queria sair por aí machucando as pessoas. Queria ser um cara legal.

Pouco depois, assisti a um antigo filme do Jimmy Stewart chamado *Meu Amigo Harvey*, em que Stewart faz amizade com um coelho invisível de 1,80 metro de altura. As pessoas acham que ele enlouqueceu, mas diante das acusações e da zombaria, o homem se mostra sempre amigável e gentil. Mais uma vez eu me perguntei: *Sou bom com todo mundo? Não deveria ser?* Eu não era nenhum monstro, mas *Meu Amigo Harvey* me inspirou a ser diligentemente bom e legal com todos. Parecia uma ideia ótima, e quando comecei a colocá-la em prática, realmente gostei do resultado. Isso pode parecer meio sociopata: *escolhi* ser

## VINTE E CINCO DÓLARES AJUDAM BASTANTE

bom porque *funcionou* para mim, mas nós todos não evoluímos com base nas interações com o mundo? Foi muito básico. Eu experimentei a bondade e senti que era o certo.

E aí entra o meu pai. Nos domingos, ele tinha o direito de visitar a mim e a minha irmã Mandy. Ele nos buscava ao meio-dia, levava para almoçar no Papa Gino e depois íamos no minigolfe ou ao cinema. Apesar da rotina totalmente inofensiva, era o dia mais difícil da minha semana. Meu pai estivera ausente desde os meus 4 anos, então nunca tive a oportunidade de construir uma verdadeira ligação com ele. Os domingos, portanto, eram dias de ansiedade. Aos 16 anos, finalmente me ocorreu que eu poderia me recusar a ir. Se eu podia não fazer a lição de casa, também poderia não ver o meu pai. Daí em diante, preferi jogar Nintendo com meu amigo Mark. Mas se aprendi algo com aqueles domingos dolorosos, foi isto: meu pai não era o pai ideal, mas não perdi tempo com ressentimentos em relação a ele e nem me culpando. Não posso dizer que foi deliberado, apenas voltei a minha atenção para outra coisa. Dado que o mundo era um lugar imperfeito, decidi tentar fazer dele o melhor lugar possível. Queria encontrar o bem, não apenas enxergar as coisas de modo positivo (embora eu também tenha essa tendência), mas fazer a minha parte para transformar o mundo em um lugar melhor.

O *Colbert Report* não foi apenas um sinal de que eu havia vencido na vida. A experiência também serviu para abrir meus olhos para o efeito propagador do altruísmo por meio de um gesto aparentemente pequeno: um cartão-presente no valor de 25 dólares.

Livy e eu não só adoramos *The Colbert Report* como tínhamos amigos que trabalhavam no hospital de animais selvagens com a Livy que também eram grandes fãs. Pedimos e conseguimos permissão para que eles nos acompanhassem à Nova York para a gravação do programa.

Antes de ir ao ar, Livy e eu esperamos com nossos amigos no camarim. Mais ou menos meia hora antes do programa começar, Colbert apareceu. Ele nos deu as boas-vindas calorosamente e explicou:

— No meu programa eu interpreto um personagem. E o personagem é, na falta de palavra melhor, um babaca.

— Eu sei! Nós adoramos o programa! — respondi.

Ele continuou:

— Muita gente não sabe e às vezes o pessoal fica chateado.

Apresentei Livy e os amigos dela e contei a ele sobre o pronto-socorro de animais selvagens onde eles trabalhavam.

Colbert perguntou sobre o trabalho deles e falou do seu ativismo em prol dos animais: adotou uma tartaruga-de-couro para ajudar na conscientização sobre o perigo da caça às tartarugas-marinhas e também tinha ajudado a cuidar de uma águia. Fiquei impressionado. Em vez de projetar a persona de *Eu sou o Stephen Colbert e tenho o meu programa de TV*, ele demonstrou interesse no que nossos amigos faziam e reservou um tempo para ter uma conversa sincera sobre isso.

Depois do programa, Livy e eu recebemos uma cesta de brindes contendo provavelmente o mesmo que vários programas oferecem a seus convidados: um boné do *Colbert*, uma camiseta, um *squeeze*, coisas desse tipo. Mas um pequeno item da cesta teria um efeito enorme em mim: era um cartão-presente no valor de 25 dólares para a DonorsChoose.org.

DonorsChoose.org é um sistema de doações online que beneficia escolas e é estruturado de forma única. Professores de

## VINTE E CINCO DÓLARES AJUDAM BASTANTE

escolas públicas dos Estados Unidos pedem no site materiais de que precisam para suas aulas. Você pode contribuir para um projeto no qual tenha interesse, para uma escola do seu bairro ou para a aula de algum professor que pareça incrível ou esteja precisando muito. O dinheiro é utilizado para comprar exatamente os materiais solicitados e cotados pelo professor.

Livia e eu demos o boné e a camiseta para os nossos amigos, mas levamos o cartão da DonorsChoose.org para casa. De volta a Berkeley, entramos no site, descobrimos uma turma de segunda série que precisava de cópias do livro *A teia de Charlotte* e doamos a quantia solicitada pela professora. Foi muito bacana.

Ficamos felizes em ajudar, mas a melhor parte veio algumas semanas depois, quando recebemos bilhetes de agradecimento absurdamente fofos de todos os alunos da turma.

---

Empatia é a capacidade de entender e partilhar os sentimentos dos outros. A maioria de nós nasce com esse dom, mas nem todos aprendem a acessá-lo de imediato ou a usá-lo de modo produtivo e significativo. E ali estava uma criança me agradecendo com suas próprias palavras titubeantes e mãos determinadas. Existe forma melhor de gerar empatia verdadeira do que através de uma organização de caridade capaz de criar uma conexão direta entre quem doa e quem recebe?

Quando eu era criança e passava por um Papai Noel tocando o sininho do Exército da Salvação a caminho do supermercado, sempre deixava uns trocados, mas o balde dele era um buraco negro. Nunca tive a menor ideia de onde foram parar os meus centavos ou se eles realmente fizeram alguma diferença. E cer-

## UM PASSARINHO ME CONTOU

tamente ninguém iria chegar para mim e dizer: "Ei, obrigado pelos 25 centavos. Era exatamente o que precisávamos. Fome no mundo: resolvida." Não havia expectativa de agradecimento, sucesso ou noção dos resultados desse esforço, mas tudo bem. Eu não procurava feedback e nem agradecimentos, apenas via o ato de doar como parte de ser uma pessoa.

Com o DonorsChoose.org, aquela sensação de doar às cegas desapareceu. O meu presente teve resultado imediato, os receptores demonstraram sua gratidão e isso me deu vontade de doar mais. Foi um belíssimo loop de feedback. Empatia exige mais imaginação do que jogar uma moeda num balde. Ao receber a carta sincera de uma criança que vivenciou a amizade entre Charlotte e Wilbur pela primeira vez, bem, essa criança subitamente ganha vida. Você vê a necessidade que ela passa e o caminho para atendê-la. Livy e eu passamos a fazer doações regulares ao DonorsChoose. org. Ainda não tínhamos muito dinheiro e doávamos apenas cinquenta dólares por vez, mas realmente gostamos daquilo. Você pode passar as noites vendo uma ou duas comédias na televisão ou ajudar algumas crianças com seu cônjuge. O que é melhor?

Com o DonorsChoose.org descobri o poderoso loop de feedback altruísta mencionado anteriormente, mas havia outra lição, talvez até mais importante a se aprender: se Stephen Colbert não tivesse me dado aquele cartão-presente de 25 dólares, eu não teria ajudado aquelas crianças. Não foi algo que mudou o mundo, mas ajudou alguns professores a realizarem os projetos que desejavam. E gosto de pensar que cada uma daquelas crianças aprendeu algo ao ler *A teia de Charlotte* que vai durar para sempre e terá um efeito reverberador. As crianças também viveram a experiência de receber um presente de um estranho. Logo, Stephen não atingiu apenas a mim. O presente dele chegou

## VINTE E CINCO DÓLARES AJUDAM BASTANTE

ao professor, àquelas crianças e a todos que serão tocados por aquela experiência positiva e crescimento intelectual. E sou apenas *um* dos convidados do programa do Colbert que recebeu um cartão-presente da DonorsChoose.Org. Se cada um destes convidados (ou mesmo uma parte deles) tiver uma experiência parecida, pense no vasto alcance deste simples gesto!

Na Chirp Conference demos cartões-presente da Donors-Choose.org para todos os participantes. Centenas, talvez milhares de pessoas, receberam 35 dólares para doar a um projeto do site. E de acordo com Charles Best, fundador e CEO da organização de caridade, uma quantidade anormalmente alta dessas pessoas continuou a ajudar o projeto.

O pequeno ato de bondade do Stephen (a doação na forma do cartão-presente de 25 dólares a todos os convidados do programa) teve resultados exponenciais. Eu chamo isso de juros compostos do altruísmo.

Muitos de nós sabemos o valor dos juros compostos. Se você tem uma poupança em que os juros são acrescentados às suas economias mensalmente, no mês seguinte os juros a serem ganhos serão um pouco maiores. Repita isso a cada mês e a sua riqueza cresce bastante. Por exemplo, imagine que ao fazer 20 anos você tenha depositado cem dólares numa poupança com taxa de juros anual de 0,64 por cento composto todo mês. Se continuasse a depositar cem dólares por mês até chegar aos 40 anos, teria 25.724 dólares. (Enquanto isso, cartões de crédito cobram taxas de juros anuais de 15 por cento! São quase 23 vezes os juros da sua poupança. Se você tiver uma dívida de cem dólares no cartão de crédito por vinte anos, acrescentando os mesmos cem dólares todo mês e sem fazer pagamento algum, vai dever 153.567 dólares aos 40 anos!)

## UM PASSARINHO ME CONTOU

O fenômeno não é exclusivo das contas de poupança, muito menos do dinheiro. O cartão-presente do Stephen inspirou a mim e a Livia a doar o que podíamos na época.

Foi quando algo novo aconteceu. Com o crescimento do Twitter, a minha situação financeira mudou, e Livia e eu passamos a doar muito mais dinheiro ao DonorsChoose.org. Charles Best solicitou uma reunião conosco. Ajudei a recriar o design do site deles e passei a atuar como conselheiro eventual. A minha relação com a organização de caridade cresceu e tornou-se mais pessoal. Acabei virando um grande doador, conselheiro e participante ativo da DonorsChoose.org.

Tudo isso por causa de um cartão-presente de 25 dólares.

---

É difícil dar dinheiro quando você tem pouco. Acredite, passei vários anos com muitas dívidas e sei muito bem como é se preocupar com cada centavo gasto. Mas as pessoas geralmente encaram a filantropia do jeito errado, achando que é preciso esperar até a situação ficar confortável, isto é, serem ricos, para doar. Cada um de nós define o sucesso financeiro de modo diferente, mas posso dizer que para quase todo mundo, independentemente do nível de renda, ser rico é algo que existe apenas no futuro.

Esperar para doar é um erro. Não é apenas uma questão de dinheiro. Se você se envolver logo (agora), o valor da sua doação vai crescer ao longo do tempo. Isso acontece de duas formas. Primeiro: criar o hábito de pensar nos outros antes de ter muito para doar significa que a intenção amadurece com você. À medida que a sua riqueza aumenta, a inclinação a doar aumenta

## VINTE E CINCO DÓLARES AJUDAM BASTANTE

na mesma proporção. Segundo, e talvez mais importante: as doações têm um efeito propagador, como os cartões-presente do Stephen Colbert. Nas próximas duas décadas, o bem que você terá feito será exponencialmente maior do que se tivesse esperado até chegar aos 40 ou 50 anos para fazer um cheque.

Nem tudo precisa ser em relação a dinheiro. Você pode doar tempo, em vez de grana. Ou apenas espalhar a notícia como fez o Colbert, ou dar uma pequena quantia que puder.

As menores doações feitas o quanto antes alteram a sua trajetória para fazer o bem. É isso que chamo de juros compostos do altruísmo. Comece logo para maximizar os juros compostos das suas ações.

---

Terminei de pagar as minhas dívidas apenas em 2010. O Twitter ainda não havia aberto o capital, mas com uma startup de sucesso, acaba-se gerando oportunidades de vender ações diretamente aos investidores. É uma forma de transformar dinheiro teórico em dinheiro real. Ainda acreditava no Twitter, e obviamente não vendi todas as minhas ações, mas não fazia sentido ter cem por cento do meu dinheiro investido numa única empresa. Qualquer pessoa envolvida numa startup deveria fazer o mesmo.

Assim, tirei dinheiro do caminho. Lembro-me nitidamente do dia em que fechamos o acordo. O cara que era na época o meu gerente de negócios mandou um e-mail dizendo: "Acabamos de receber a transferência." Era um montão de dinheiro. Muito mais do que eu já havia sonhado.

Eu respondi: "Uau. Obrigado, Biz."

## UM PASSARINHO ME CONTOU

Ele escreveu de volta: "Uau? Você está com a vida ganha e essa é a sua resposta?"

Desci para encontrar a Livy e brinquei:

— Tudo bem, agora somos oficialmente pessoas brancas e ricas que moram em Marin.

Não houve muitas mudanças, exceto pela minha sensação avassaladora de alívio. Tive uma infância pobre e passei quase toda a vida adulta endividado. Os pais de Livy eram artistas *freelancers* que viviam no sufoco. Nenhum de nós havia morado na rua, mas também nunca tivemos segurança financeira. De alguma forma ficamos confortáveis em crescer nesse desconforto. Parecia ontem que Livy e eu colocamos as moedas guardadas numa lata de café numa máquina Coinstar e minha esposa bateu palmas porque tínhamos conseguido cem dólares.

O melhor que posso dizer sobre ter grana suficiente depois de estar endividado é que o dinheiro é um sistema imunológico. Quando se está endividado e precisa escolher quais contas pagar e quais atrasar todos os meses por vários anos, se está sempre no limite. Toda despesinha é dolorosa. Toda escolha pode facilmente virar uma discussão entre você e seu cônjuge.

Se você tiver dinheiro suficiente (não precisa ser rico, apenas ter o bastante para atender às suas necessidades, pagar as contas e guardar um pouco na poupança), a eterna ansiedade da luta pela sobrevivência desaparece. Aquela preocupação constante vai embora. O maior efeito que o dinheiro teve em mim é que todos os dias eu agradeço por não ter mais essa ansiedade.

A outra descoberta importante que fiz sobre dinheiro é que ter muito amplifica quem você é. Descobri que essa é uma verdade quase universal. Se você é uma pessoa boa e ganha dinheiro, vira um filantropo maravilhoso, mas se é um babaca,

## VINTE E CINCO DÓLARES AJUDAM BASTANTE

ter muito dinheiro faz com que você seja *ainda mais* babaca. "Por que o meu refrigerante não está exatamente a vinte graus Celsius?" De qualquer forma, você escolhe quem deseja ser, mas viver no limite, sem saber se o salário vai garantir o sustento dá a você uma espécie de passe livre. Quando você é rico, não tem desculpa.

---

Há outro aspecto do altruísmo que é ignorado quando avaliamos a opção de doar: as pessoas cometem o erro de supor que o altruísmo é uma via de mão única. Esquecemos o valor de ajudar os outros. Estamos todos juntos neste mundo. Quando ajudamos os outros, também nos ajudamos.

O exemplo diário mais simples disso é o meu veganismo. Embora eu seja vegano porque me importo com o tratamento dado aos animais, para mim não é questão de abrir mão de algo. Deixando os benefícios para a saúde de lado, saio ganhando ao saber que fiz uma escolha e a mantive. Fazer o bem não é um sacrifício.

Veja outra forma de pensar nisso: vários recém-saídos da faculdade estão com dificuldade de arrumar emprego atualmente nos Estados Unidos. É possível fazer entrevistas todos os dias e ser constantemente rejeitado. Você está esgotado, assim como a sua confiança. Por que não virar o jogo? Que tal fazer trabalho voluntário numa organização sem fins lucrativos? Assim você consegue uma ocupação, faz algo bom e ainda pode conseguir contatos. Talvez você descubra que um colega voluntário sabe de um emprego ou tem um conhecido que pode fazer a diferença. No mínimo você terá algo a dizer na próxima entrevista:

"Estou fazendo trabalho voluntário, mas procuro um emprego em tempo integral." Você se sente bem, está radiante por saber que está ajudando os outros, exala confiança e produtividade. Toda a profundidade dessa experiência certamente transparecerá quando fizer outra entrevista.

Não pense em ajudar os outros como dar algo ou tirar algo de si. Pense no que está ganhando. É um paradoxo, mas ajudar os outros é se ajudar.

---

Livy e eu escolhemos viver modestamente. Gosto de coisas simples, pequenas e baratas: relógios Timex, calças Levi's e meu VW Golf. Às vezes, quando Livy me vê brincando com nosso filho pequeno, Jake, no parque ou quando brincamos juntos no chão, vejo lágrimas em seus olhos, e sei que são de felicidade. Esses são os momentos mais importantes da vida, e podem acontecer em qualquer chão de qualquer casa ou em qualquer parque de qualquer bairro. A nossa versão de comprar um Lamborghini e ter uma casa gigantesca consiste em doar muito dinheiro para ajudar os outros. Isso nos dá uma sensação de sucesso e torna nossas vidas significativas. E pode fazer o mesmo por você, independentemente da quantidade de dinheiro que tenha para doar.

# 16

## UMA NOVA DEFINIÇÃO DE CAPITALISMO

As pessoas são boas e, se você lhes der as ferramentas certas, elas vão usá-las para fazer o que é certo. Durante o desenvolvimento de sistemas de comunicação em larga escala com elementos sociais (criar a Xanga; trabalhar no Blogger; ler livros, revistas e posts de blogs; pensar em sistemas auto-organizados para blogs, etc.), um dos padrões que notei desde o início foi a tendência dessas comunidades a se policiar. Claro que há comportamentos inadequados, mas o bom comportamento é mais consistente do que o mau. No Twitter, não precisamos de um

## UM PASSARINHO ME CONTOU

exército de pessoas para apagar e bloquear contas. É por isso que grandes sistemas auto-organizados e não regulados podem funcionar sem muitos problemas mesmo tendo cem milhões de usuários. Se as pessoas não fossem boas, eu não poderia fazer o meu trabalho. É impressionante, mas se você parar para pensar, é claro que nós humanos somos bons em cooperação. Se não conseguíssemos nos entender, como poderíamos construir prédios, ruas e seguir as leis de trânsito (quase sempre)? Se não fôssemos gentis, não haveria civilização.

Segundo um artigo que li na revista *Yes!*, Darwin acreditava que comunidades compassivas prosperam mais e geram mais prole. Portanto, evoluímos para sermos bons. O artigo também falava de novas pesquisas, indicando que nossos ancestrais precisaram aprender a dividir as carcaças que encontravam nas planícies. Os egoístas provavelmente eram expulsos. Humanos são tribais e, segundo o pesquisador Michael Tomasello, evoluímos para trabalharmos de modo colaborativo. Eu e você nascemos para cooperar. A existência do bem no mundo não é apenas o meu otimismo alucinado. Está pensando o quê? É ciência!

Se nos derem uma forma simples de ajudar os outros, nós o faremos.

Claro, parece ótimo. Fazer do mundo um lugar melhor. Ajudar os outros. É fácil dizer, mas fica difícil para um indivíduo sem recursos ir além da resolução de Ano-Novo que não será cumprida. Contudo, essa é a beleza de voar em bando no Twitter. Assim que as pessoas se unem em grupos, a energia delas pode ser controlada. Elas podem se mover como um só. E podem fazer algo acontecer.

## UMA NOVA DEFINIÇÃO DE CAPITALISMO

Assim que me interessei pelo mundo corporativo, comecei a prestar atenção no tratamento dado pelas empresas à responsabilidade social. Três dias após a tragédia do 11 de setembro de 2001, postei no meu blog: "Uau, o Amazon Disaster Relief Fund (Fundo de Auxílio a Desastres da Amazon) já arrecadou 4,3 milhões de dólares e o valor aumenta a cada minuto." Fiquei impressionado pela rapidez com que um site conseguiu arregimentar apoio. Causas exigem que pessoas se unam e, assim como as comunidades, as empresas estão em posição perfeita para inspirar e promover caridade.

Já falei sobre a minha nova definição de capitalismo. Desejo que as empresas priorizem não apenas o gosto pelo sucesso financeiro (o que é normal) e o ato de levar alegria aos funcionários e consumidores. A ideia é que elas também tenham um impacto positivo no mundo.

Logo no início, em julho de 2007, nós aqui do Twitter percebemos que comprar água engarrafada para o escritório quando havia água potável jorrando da torneira era idiota, para dizer o mínimo. Na verdade, alguns podem chegar ao ponto de dizer que era uma irresponsabilidade social, ecológica e financeira. Mas como pessoas precisam beber água todos os dias, desenvolvemos a estratégia oficial da Twitter, Inc. para a água. Primeiro, cortamos a entrega de água engarrafada, depois compramos um *squeeze* para cada funcionário e, por fim, instalamos um filtro na torneira para deixar a água mais saborosa. Decidimos oferecer apenas aos convidados que visitassem o escritório a água do nosso estoque limitado de Ethos Water. A Ethos é uma subsidiária da Starbucks que conscientiza sobre a crise global de água e destina uma parte do lucro para ajudar as crianças do mundo a obter água limpa.

## UM PASSARINHO ME CONTOU

A estratégia do Twitter para a água teve um efeito propagador. Não só vivemos de acordo com a nossa ética como reconhecemos publicamente um problema global: 1,1 bilhão de pessoas no planeta não têm acesso à água potável, limpa e segura. O resultado? A empresa sem fins lucrativos Charity: Water virou a organização beneficente favorita do Twitter e dos nossos usuários. Em pouco tempo várias cidades pelo mundo estavam fazendo "Twestivals" para reunir a comunidade do Twitter, arrecadar dinheiro e conscientizar as pessoas sobre a Charity: Water.

A Charity: Water foi só o começo. Continuei buscando meios para que o Twitter tivesse impacto positivo na sociedade. Quando estávamos mexendo com iPods na Odeo, a Apple lançou um iPod vermelho como parte da iniciativa chamada Product(RED). Eu me interessei e descobri que a empresa (RED) arrecada fundos com o objetivo de eliminar o HIV/AIDS na África. Aprendi com a organização o que a medicação antirretroviral pode fazer pelas pessoas que são HIV positivo. Os pacientes podem sair do leito de morte e conseguir ter uma vida saudável. A organização oferecia a oportunidade incrível de ajudar um continente devastado pela epidemia de HIV/AIDS.

Com o programa Product(RED), muitas empresas concordaram em oferecer uma versão vermelha de seus produtos e destinar parte dos lucros à (RED). A Nike vendeu cadarços vermelhos, a Amex criou um cartão da mesma cor. Gostei da Product(RED) e comecei a comprar os objetos vermelhos da iniciativa. Logo depois do lançamento do Twitter, registrei @red como usuário do serviço embora a (RED) ainda não o utilizasse

## UMA NOVA DEFINIÇÃO DE CAPITALISMO

na época. Imaginei que se o Twitter fosse bem-sucedido, organizações se registrariam para ter contas nele, e sonhei que um dia seríamos tão grandes que as empresas nos pediriam contas e eu poderia dizer: "guardei este usuário para vocês." E de fato, no fim de 2007, quando o Twitter estava chamando muita atenção, a (RED) acabou decidindo se envolver em mídias sociais. Ao entrar em contato com o Twitter, descobriram que a conta @red já tinha dono. A história chegou a mim e pude ligar de volta, explicando: "A conta @red é minha. Guardei para vocês."

Para o Dia Mundial da Luta Contra a AIDS, em 1º de dezembro de 2009, mudamos os principais elementos da nossa página para vermelho, acrescentamos um link para a página da (RED) no Twitter, oferecemos uma fita vermelha para a ocasião (que ganhou o nome de Twibbon, é claro) que usuários podiam acrescentar às páginas, e também criamos a *hashtag* #red, que mudava o seu tweet para vermelho de modo a destacar as menções ao Dia Mundial da Luta Contra a AIDS. Pela primeira vez, o Twitter mudara o design para um evento especial.

E não foi apenas um desenho bonitinho perto do logotipo. No marketing digital existe um acordo chamado *takeover*, em que o anunciante compra todo o espaço de publicidade de um site (e paga muito caro por isso). São mais do que apenas *banners* com anúncios, significa patrocinar todo o site. Foi exatamente o que o Twitter fez para a (RED), de graça. Ficamos vermelhos para o Dia Mundial da Luta Contra a AIDS. O Facebook e o Google também participaram da campanha, mas jamais teriam feito mudanças tão dramáticas nos sites para um evento beneficente.

Mesmo não sendo um grande esquema, essa participação ajudou o Twitter. A cobertura da imprensa nos colocou ao lado dos grandes apoiadores da (RED) naquele dia. Essa é uma das formas pelas quais o altruísmo dá retorno. O mundo não consegue deixar de ver que as suas intenções são boas, e responde a isso.

Eu não tinha dinheiro quando trabalhei com a (RED) para deixar o Twitter vermelho por um dia, mas houve um efeito composto imediato. Ashton Kutcher tweetou para os quatro milhões de seguidores que tinha na época, dizendo:

Envolva-se #red

E ele não foi a única celebridade a fazer isso. Além disso, a (RED) se beneficiou da nossa iniciativa em vários outros aspectos. Até hoje a Chief Digital Officer da empresa, Chrysi Philalithes, diz: "Quando o Twitter ficou vermelho, vocês nos colocaram no mapa. Entramos em contato com outras mídias sociais."

Em 2010, a (RED) lançou em parceria com a HBO o filme *The Lazarus Effect,* dirigido por Lance Bangs e tendo Spike Jonze como produtor executivo. Nele, é possível ver os resultados impressionantes dos antirretrovirais (ARVs) no tratamento do HIV/Aids em Zâmbia. São histórias difíceis de se ouvir, mas o filme acaba sendo edificante. Uma menina de 11 anos chamada Bwalya Liteta pesava apenas dez quilos, estava esquelética, pálida e frágil. Como outros pacientes de AIDS, parecia um morto-vivo. Mas depois dos ARVs, dois comprimidos pequenos que custavam quarenta centavos de dólar por dia, em alguns meses ela virou uma criança forte e saudável que conseguia levar uma vida normal. O filme também conta a história de Constance Mudenda, que já havia perdido três filhos para a AIDS e recebeu o diagnóstico positivo para o HIV em 2004. Ela foi uma das primeiras pacientes da nova clínica de ARVs construída graças à (RED). Quando o filme foi gravado, Connie

## UMA NOVA DEFINIÇÃO DE CAPITALISMO

tinha boa saúde e supervisionava três clinicas, destruindo o estigma que o HIV costumava ter na comunidade. (Em 2013, ainda fazendo tratamento com os ARVs e vivendo o luto pelos filhos perdidos, ela deu à luz uma menina, Lubona. A filha não tem o HIV, mostrando o futuro oferecido pelos ARVs.) *The Lazarus Effect*, assim como as cartas enviadas pelas crianças da DonorsChoose.org, mostrou às pessoas como a participação delas ajuda a salvar vidas de homens, mulheres e crianças de verdade que têm sonhos e esperanças.

Pense no efeito composto do trabalho feito pela (RED): os doentes melhoram e retornam à sociedade, mães voltam a ser mães, pais voltam a ser pais, professores voltam a ensinar, as pessoas retornam ao trabalho e à escola. Ao longo do tempo a (RED) tem um impacto geoeconômico real. É possível ver os vilarejos retornando à vida, um após o outro. Toda a área começa a se estabilizar. O buraco negro da caridade que conheci na infância não existe mais. Não se trata mais daquela moeda num balde; esse trabalho tem resultados mensuráveis. O HIV/AIDS é um problema grave, porém solucionável. Podemos varrer a epidemia. E não me passou despercebido que o custo dos comprimidos por pessoa é de quarenta centavos de dólar por dia. Somado, dá 140 dólares por ano: o número mágico do Twitter.

Você e eu podemos resolver problemas de verdade. Um dia haverá uma geração sem AIDS. E será incrível.

---

Em 2009, a base de usuários do Twitter cresceu 1.500 por cento, e a Twitter, Inc. cresceu 500 por cento. Algumas empresas estão no mercado apenas para lucrar, outras organizações existem

## UM PASSARINHO ME CONTOU

apenas para fazer o bem. Há também algumas empresas que lucram, mas arrumam tempo para fazer o bem. O Twitter fez uma promessa tácita ao mundo que poderia ser um modelo para fazer negócios no século XXI. Tentei fazer a minha parte e criar um serviço que melhorasse o mundo e lucrasse com esse esforço.

Quando as pessoas falam de caridade, muitas vezes citam a hierarquia de necessidades de Maslow. Segundo a teoria do psicólogo do século XX Abraham Maslow, as primeiras necessidades que procuramos preencher são as básicas: alimento, água, sono, etc. Depois buscamos segurança, que inclui emprego, moralidade, saúde e propriedade. Após conquistar tudo isso, procuramos o amor e a sensação de pertencimento. Em seguida buscamos confiança e respeito. Supondo que haja sucesso até aqui, chegamos ao topo da pirâmide de Maslow e descobrimos uma necessidade mais profunda: justificar a própria existência. Em tempos de abundância, é da natureza humana procurar uma vida mais significativa. A melhor forma de satisfazer esse anseio geralmente se dá através da preocupação altruísta com o bem-estar alheio.

Empresas historicamente seguem o mesmo caminho, considerando o altruísmo como o último pensamento de uma longa lista de necessidades. Esse modo de pensar é uma falácia, pois não leva em conta o interesse composto de ajudar os outros.

Na primavera de 2012, tive o privilégio de conversar com Bill Clinton na Clinton Global Initiative University, evento anual em que a próxima geração de líderes se reúne com o objetivo de discutir e propor soluções para os problemas globais. Clinton havia dito que "os cidadãos globais mais eficazes serão aqueles que sucederem em unir suas empresas e missões filantrópicas

## UMA NOVA DEFINIÇÃO DE CAPITALISMO

a fim de construir um futuro de prosperidade e responsabilidade compartilhadas", e então pedi que explicasse o motivo de considerar isso importante. Segundo ele, as empresas crescem trazendo mais pessoas para o círculo de possíveis clientes, mas esse crescimento logo para ao se excluir bilhões de pessoas do sistema. Ele citou três obstáculos para o crescimento: a desigualdade abjeta (metade do mundo vive com menos de dois dólares por dia), instabilidade política e financeira, e mudanças climáticas e falta de recursos. Para Clinton, as empresas precisam agir de duas formas: primeiro, integrando a responsabilidade corporativa a suas estratégias de negócio, e segundo, ajudando o trabalho das ONGs. Ele deu o exemplo do Walmart. Quando percebeu que as mudanças climáticas eram reais, a empresa diminuiu em cinco por cento as embalagens em todas as lojas. Isso teve um impacto equivalente a tirar das ruas 211 mil caminhões queimadores de diesel.

Concordei e acrescentei que as empresas que não se alinham a alguma causa estão em desvantagem competitiva. Não é apenas uma questão de fazer o certo. A indústria vai destruir o mundo ou vai salvá-lo. É da natureza humana salvar a própria pele. Será um bom negócio.

O Twitter investiu desde o início no altruísmo, em parte por acreditarmos que ser uma força para o bem fortaleceria a empresa. A cultura corporativa é tradicionalmente hierárquica, tendo uma estrutura de regras e comportamentos parecida com aquela contra a qual lutei no ensino médio. Recebemos uma grande pilha de lições de casa, quando, na verdade, algumas horas a mais de sono seriam de melhor ajuda. Queria que o Twitter, e outras empresas que seguissem o exemplo, quebrassem o padrão. Poderíamos fazer negócios mais ambiciosos

## UM PASSARINHO ME CONTOU

usando formas melhores para medir o sucesso. Poderíamos abraçar o desejo inato dos nossos funcionários de fazer o bem. O altruísmo tem um valor. As empresas precisam entender esse padrão e desenvolver produtos que tenham um significado mais profundo. É importante reconhecermos o valor antes do lucro. Desafiar a própria natureza da ambição nos negócios não é um caminho batido. De qualquer forma, queria que fizéssemos de tudo para ajudar os outros e sentir empatia. Queria que o nosso trabalho fosse significativo e recompensador em diversos aspectos.

Falei aos nossos funcionários: "Podemos ser uma força para o bem, ganhar rios de dinheiro e ainda rir enquanto trabalhamos."

Para ajudar uma empresa chamada Room to Read, organização de caridade fundada pelo ex-funcionário da Microsoft, John Wood, o Twitter lançou um vinho chamado Fledgling. Fizemos parceria com uma vinícola, e todos na empresa tiveram oportunidade de ajudar no processo. Colhemos, prensamos as uvas e produzimos dois tipos de vinho: um *pinot noir* e um *chardonnay*. Arrecadamos fundos com degustações no vinhedo, e depois vendemos e leiloamos garrafas online. Todo o dinheiro arrecadado foi para a Room to Read, que compra livros para crianças de países em desenvolvimento. Se você pensar bem, é simbiótico: se você não sabe ler, não pode tweetar. Quanto mais leitores existirem no mundo, maior será o alcance potencial do Twitter.

Nossa promessa era de colocar o valor antes do lucro, e eu reforçava isso para os nossos funcionários sempre que podia. Juntos, nós estávamos construindo algo com potencial verdadeiro para ter um impacto global duradouro e positivo. Nosso

## UMA NOVA DEFINIÇÃO DE CAPITALISMO

trabalho afetava a vida das pessoas em cenários que iam de socializar e facilitar o trabalho até ajudar em casos de desastres e revoltas políticas. Os funcionários do Twitter poderiam engrandecer a humanidade de modo produtivo e significativo, mas apenas se trabalhássemos sempre de acordo com essa promessa.

Pense nisso: valor antes do lucro. Já falei sobre a importância de incorporar o altruísmo à sua vida, mas de que outras formas pode-se expandir a cultura do bem? Como levá-la a todas as suas atividades de modo consistente? Se você fizer parte da comunidade do Twitter, poderá usá-lo como ferramenta para arrecadar doações ou promover mudanças. Também há outras comunidades (seu local de adoração, a escola dos seus filhos, sua cidade) em que a mudança de valores pode inspirar o alinhamento com uma causa. A doação independente é generosa e significativa, mas quando unimos forças e voamos em bando por uma causa, o efeito é deslumbrante.

# 17

## ALGO NOVO

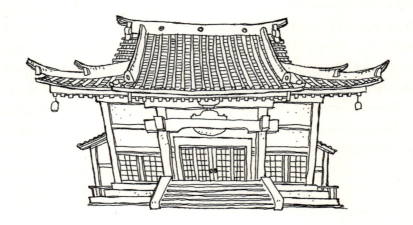

A startup que eu havia ajudado a fundar estava crescendo e se transformando numa corporação. Em 2010 eu comecei a analisar como tinha ido longe, o quanto tinha aprendido e quais eram os meus objetivos para o futuro.

O Twitter já tinha mais de cem milhões de usuários registrados. Estávamos contratando agressivamente e em plena expansão internacional. Nós nos concentrávamos no crescimento e na estabilidade técnica.

Mas a mudança estava no ar.

## ALGO NOVO

Tudo começou no Japão. Nos primeiros dias de outubro, eu estava em Tóquio cuidando das relações internacionais do Twitter. Tinha convencido Livia a ir comigo, prometendo que se ela esperasse os meus três dias de reuniões em Tóquio, poderíamos passar três dias fazendo o que mais lhe interessava: viajar a Kyoto para ver alguns dos seus lindos templos e santuários.

No segundo dia em Tóquio, uma quinta-feira, eu estava numa conferência digital participando de um painel sobre *hackathons*. No dia seguinte, entre outros compromissos, estava marcada uma entrevista pelo YouTube com um rapaz tetraplégico famoso que era fã do Twitter. Ele o usava segurando o telefone com o ombro e tweetando com a língua. No sábado, Livia e eu iríamos fazer a prometida peregrinação a Kyoto.

Durante o painel, recebi uma ligação de Jack Dorsey. Ele e Evan eram os meus amigos mais próximos na diretoria. Jack avisou:

— Biz, a diretoria vai demitir o Evan. O anúncio vai ser feito amanhã na reunião da equipe. Vão colocar Dick [Costolo] como CEO interino. Você precisa pegar um avião e estar aqui amanhã.

Foi um choque completo.

Dick Costolo era o nosso Executivo-Chefe de Operações, contratado durante o verão de 2009, apesar de ter começado como piada. Evan estava saindo em licença-paternidade. Dick era nosso amigo que tinha ajudado a fundar o FeedBurner (um provedor de gerenciamento de *feeds* na web) e passou a trabalhar para o Google quando a empresa foi comprada por eles. Ele fazia comédia stand-up. Nós gostávamos dele. Ev havia mandado um SMS para Dick do nada, perguntando: "Ei, quer ser CEO interino durante a minha licença-paternidade?"

Dick respondeu o SMS com "Ha-ha. Sério?" ou algo assim. Ev me ligou em seguida, dizendo:

## UM PASSARINHO ME CONTOU

— Fiz uma brincadeira sobre o Dick ficar no meu lugar como CEO, mas na verdade acho que podíamos contratá-lo. Além de estar querendo se mudar para a Califórnia, ele é forte onde eu sou fraco. Pode ser incrível.

E assim, nós contratamos o Dick como Executivo-Chefe de Operações em setembro de 2009.

Evan, Jack e eu criamos o Twitter. Éramos uma equipe e eu esperava que continuássemos assim para sempre. Fui pego de surpresa e falei:

— Tudo bem, Jack. Vou ver o que posso fazer. Sair do Japão para os Estados Unidos amanhã vai ser meio complicado.

Jack não se impressionou:

— Arranje um jato particular, se for necessário. Precisamos de você aqui. A empresa vai pagar as despesas.

---

Abalado, liguei para Jason Goldman, que também tinha acabado de ouvir a notícia. Conversamos sobre a possibilidade de fazer algo para melhorar a situação do Evan, mas a demissão seria anunciada no dia seguinte. Como precisávamos ganhar tempo, sugeri:

— E se eu não conseguir voltar até sexta-feira? Podemos argumentar que pega mal para a empresa demitir o Ev enquanto estou no Japão?

Jason acreditava que o conselho iria adiar a notícia para me esperar. Se eu pegasse o avião no sábado, teríamos ao menos o fim de semana para montar uma estratégia. Liguei de novo para o Jack:

## ALGO NOVO

— Por favor, diga à diretoria que não consigo encontrar um voo, estão todos lotados. Se fizerem a reunião sem mim, vai pegar mal. Além disso, preciso entrevistar um rapaz tetraplégico. Será que podemos fazer isso na segunda-feira?

Jack respondeu:

— Certo, vou avisar a todos.

Então eu tive que dar a má notícia para a Livia. Kyoto teria que esperar até a próxima viagem para o outro lado do mundo. Ela passara três dias num quarto de hotel só para pegar o avião e voltar diretamente para São Francisco.

---

Na sexta-feira, fiz a entrevista com o rapaz tetraplégico e voltei para casa com a Livia. No avião, tive tempo para pensar nos acontecimentos. Não foi difícil adivinhar os motivos para a demissão do Ev. Eu me lembro de uma reunião em que revisávamos as nossas estatísticas e observei que uma quarta-feira aleatória tinha sido marcante: um milhão de novos usuários tinham se registrado, mais do que o dobro da nossa média diária, que girava em torno de trezentos mil. Perguntei:

— O que aconteceu na quarta-feira?

A resposta foi que o serviço ficou no ar por vinte e quatro horas seguidas. Simples assim. Se o Twitter não sofresse quedas constantes, alcançaríamos um milhão de novos usuários a cada dia. Estávamos atrasando o nosso sucesso. A empresa era nossa, então se ela batesse num muro, era porque estávamos no volante.

Talvez o conselho tenha pensado que, àquela altura, já deveríamos ter alcançado a estabilidade técnica, deveríamos crescer mais rápido e colocar engenheiros monetizadores no comando. Afinal, estávamos levando uma eternidade para encontrar um vice-presidente de engenharia.

Evan estava sendo mandado embora por não progredir com a rapidez esperada.

---

Cheguei aos EUA no sábado e convoquei duas reuniões para o dia seguinte no escritório do Twitter.

Primeiro, me reuni com Evan e Jason. Ev estava estressado e ainda incrédulo. Ele cobria o rosto e depois abria as mãos repetidamente para dizer:

— Que diabos? Não consigo acreditar!

Esse era o cara que havia me dado a grande oportunidade. Durante muito tempo fomos colaboradores com objetivos parecidos. Nós criamos a empresa juntos e ele era meu amigo. Era muito difícil processar o que estava acontecendo.

Dificilmente um fundador consegue ser bem-sucedido na transição para CEO de uma grande empresa. Existem argumentos para os dois lados da questão. Alguns dizem que fundadores são fundadores e consequentemente melhores em criar as empresas, enquanto os CEOs seriam mais adequados para gerenciá-las. Outros argumentam que é melhor manter o fundador como CEO, descobrir do que ele precisa e fornecer apoio a ele.

Nosso primeiro CEO, Jack, era programador. Evan era um programador/CEO que vendeu o Blogger antes de ter a oportunidade de transformá-lo numa empresa. Nenhum deles teve experiência prévia como CEO. Não há problema algum em aprender na prática, mas quando milhões estão em jogo, as

## ALGO NOVO

pessoas começam a ficar inquietas. Não se pode culpar o conselho por dizer que "a empresa está crescendo muito rápido e não tem ninguém experiente no comando".

Evan e Jack são duas pessoas incrivelmente talentosas. Se precisasse definir o que faltava para os dois, basicamente diria que eles não se comunicavam o suficiente. Pelo menos metade do trabalho de um CEO consiste em comunicação, devido à natureza humana. As pessoas temem o que não conhecem. Logo, se o conselho não ouvia que estava tudo bem, imaginava que a situação ia de mal a pior.

Dick Costolo fundou várias empresas, era mais velho e um CEO experiente. Deixando as emoções de lado, era a escolha sensata para o cargo.

Mas Ev não estava sendo rebaixado, e sim demitido. Ele teria que entregar o crachá e ser escoltado para fora do prédio! Parecia totalmente injusto. Era muito radical. Ia parecer que ele havia feito algo terrivelmente errado, o que não foi o caso. A diretoria pode não ter gostado dele como líder, mas não havia motivo para retirá-lo do cargo com tanta urgência. As pessoas imaginariam o pior.

Nós três estávamos na sala de conferências quando falei:

— Tenho uma ideia. E se a diretoria não te demitir?

Evan, contido como sempre, completou:

— Sim, continue.

Todos nós sabíamos que ele estava fora do posto de CEO. Quando o conselho diretor vota numa decisão como essa, não há volta. Como diriam os Borgs de *Jornada nas Estrelas*: "Resistir é inútil." Mesmo assim, sugeri:

— Por que você não conversa com o Dick?

## UM PASSARINHO ME CONTOU

Dick Costolo era nosso amigo antes mesmo de atender ao pedido para ser investidor-anjo e acabar contratado por nós. Ele e o Evan eram bons companheiros, respeitavam o trabalho um do outro, costumavam sair juntos e às vezes até se encontravam em Vegas. Talvez Dick pudesse ajudar a suavizar o golpe. Continuei:

— Fale para o Dick que vai apoiá-lo, mas não como CEO *interino* e sim como CEO efetivo. Diga que ele terá a sua aprovação e pergunte se aceitaria nomeá-lo como executivo-chefe de produto. Aí você poderia gerenciar a área de produto, que é a sua favorita mesmo. E se não estiver contente nesse setor, pode se demitir depois, mas dessa vez por decisão própria.

Se o Evan simplesmente mudasse de cargo na empresa, não seria considerada uma expulsão tão dramática. Depois ele poderia deixar o posto de executivo-chefe de produto sem problemas.

Ev sentiu-se levemente reconfortado com esse plano, mas executá-lo iria exigir alguns artifícios.

———

Evan entrou na sala de reunião com Dick para discutir o nosso plano. De fora da sala era possível ouvir vários "de jeito nenhum, porra". Ev saiu de lá parecendo bem irritado. Com a voz trêmula, falou:

— Preciso de um pouco de ar.

E saiu. Agora era a minha vez de tentar. Entrei na sala com o Dick, fechei a porta e perguntei:

— O que acabou de acontecer aqui?

Dick respondeu:

## ALGO NOVO

— Evan quer trocar a porra do lugar comigo. Não vou conseguir o cargo de CEO fazendo um acordo de merda.

Eu quis saber:

— Por que não?

— Não vou fazer isso. Fico muito constrangido com esse plano. Não estou de acordo.

Eu falei:

— Estou decepcionado. O Ev é ótimo para a área de produto. Você o quer na sua equipe, não quer?

— Claro que sim, mas essa é a decisão do conselho.

Vi logo que o Dick não iria concordar.

---

Todos nos reencontramos na sala de reuniões: Dick, Jason Goldman, Amac, Ev e algumas pessoas da nossa área de comunicação. A ideia agora era criar uma estratégia para comunicar a saída do Ev. Havíamos tentado executar o nosso plano e fora um fracasso.

Mas antes de começarmos a planejar, não me contive. Pensei em todo o trabalho que Evan e eu tínhamos feito no Twitter. Devia o meu sucesso e carreira a ele e ainda sentia que tinha muito a aprender com o meu amigo. Pensei nas poucas pessoas no mundo capazes de me aguentar e enxergar valor no que eu fazia como o Evan. Eu sinceramente o achava um bom líder, e geralmente é melhor quando o CEO da empresa também é o fundador. Ele não podia sair assim. Não era justo. Ninguém estava pensando no Evan como pessoa e nas consequências de tudo para ele e sua carreira. Aquilo estava me matando. Falei para o Dick:

— Espere um minuto. Ouvi o que você disse, mas gostaria de confirmar pelo bem de todos aqui. Você não quer manter o Evan como executivo-chefe de produto, sendo que ele lhe daria total apoio como CEO efetivo, não apenas interino, e a justificativa para tal é que você se sente constrangido. Está correto?

Eu tinha conseguido a atenção de todos. Como sabia que iria acontecer, Dick confirmou as minhas afirmações:

— Sim, fico constrangido com isso.

Constrangido. É uma emoção tão fraca em comparação ao que o Evan estava passando.

— E que tal fazer o seguinte? — perguntei. — O que você acha de sentir uma porra de constrangimento pelo seu amigo? É o seu amigo, porra! Fique um pouquinho constrangido.

Houve um longo momento de silêncio, quebrado pelo Dick:

— Tudo bem, porra, eu aceito.

Houve mais idas e vindas. Dick falou com a diretoria e todos acabaram concordando. Estava resolvido, e Dick acabou cumprindo a promessa feita ao Evan. Ele meio que só aceitou porque o fiz se sentir culpado, e isso não me pareceu bom, mas senti que tinha conseguido uma pequena vitória para o meu amigo. Ev poderia sair do Twitter, mas seria por decisão própria. Ele mais do que merecia isso.

Além da importância para o Evan, a mudança na gerência serviu como sinal de alerta. Meu otimismo feliz e talvez exagerado, além do idealismo de querer mudar o mundo, estava deslocado numa empresa onde a liderança estava em fluxo e os meus amigos, em conflito. Eu não queria forçar uma decisão, e o fato de ter tido que fazer isso nesse caso significava que não estávamos todos de pleno acordo.

## ALGO NOVO

Todo tipo de loucura tinha acontecido e continuava a acontecer: Jack foi tirado do cargo de CEO e substituído pelo Evan, que foi chutado dois anos depois. Ele continuou como executivo-chefe de produto por seis meses, mas passou três deles em licença e saiu discretamente em seguida. Algumas semanas depois que a poeira da saída do Evan baixou, Jason Goldman recebeu o bilhete azul. Relacionamentos foram destruídos: Jack e Ev não eram mais amigos, Jason Goldman e Dick Costolo também não. Até a minha amizade com o Jack ficou um pouco abalada, embora não tenha terminado. Foi um período complicado. Nestes dias turbulentos, eu me lembro de estar numa reunião da diretoria e pensar: *Por que tudo isso está acontecendo?* Foi quando me dei conta da resposta: *Ah, é porque agora milhões de dólares estão envolvidos.*

É meio anormal ter três CEOs em três anos, mas a turbulência ocorrida no Twitter era a realidade do que acontece quando uma startup faz sucesso. Há muito mais em jogo. O conselho diretor era composto em sua maior parte de investidores. Eles não tinham a capacidade de refazer o design do produto ou de escrever códigos para resolver um problema. O poder que eles tinham era o de reorganizar a liderança.

As mudanças pareciam disputas pelo poder e, segundo alguns pontos de vista, poderiam ser interpretadas como calculistas, mas não acredito que alguém agisse de má-fé. Se você fosse conversar com qualquer um dos envolvidos, eles teriam alegado estar fazendo o que acreditavam ser o melhor para a empresa. Nosso sucesso significava que havia muito mais em jogo agora. As pessoas ficaram mais aferradas a suas opiniões, o que levou a determinadas atitudes e causou baixas.

## UM PASSARINHO ME CONTOU

Ev tinha ido embora, Jack tinha ido embora, Jason tinha ido embora. Todos saíram para explorar novos projetos e oportunidades. Comecei a ficar inquieto. Pense no efeito da área de superfície num cubo de gelo que está derretendo. Se você deseja que o gelo derreta mais rápido, basta quebrá-lo para expor uma área de superfície maior ao ar quente do que se o gelo fosse mantido num bloco único. O mesmo vale para gerar mais mudanças positivas. Teoricamente, você deveria criar várias empresas bem-sucedidas e depois deixar que pessoas inteligentes as gerenciassem. Alguns argumentariam que seria mais lógico escolher apenas uma empresa e gerenciá-la muito bem, mas para os meus objetivos (espalhar = bom), a abordagem da área de superfície fazia mais sentido. Talvez fosse hora de procurar o meu próximo projeto.

---

Eu tinha anunciado a minha saída e já estava com um pé do lado de fora, em 2011, quando o conselheiro-geral Amac me chamou de lado. Amac sabia o quanto eu havia trabalhado nos últimos cinco anos para estabelecer o Twitter como uma força neutra no mundo. A empresa podia se envolver em polêmicas, mas não éramos aferrados às nossas opiniões e nem favorecíamos ninguém. O software era *nosso*, mas o problema era *deles*. As únicas e restritas regras que tínhamos para expulsar pessoas do serviço se baseavam diretamente em leis de fato.

Aí o Amac disse:

— Eu sei como você é sensível quanto à separação entre o Twitter e o governo...

## ALGO NOVO

E depois contou que o Twitter planejava ser o anfitrião de um encontro presidencial. Os usuários poderiam fazer perguntas ao Obama; haveria um site especial para isso e um moderador. Depois de pensar um pouco, comentei:

— Tudo bem. É algo parecido com os microsites temporários que fizemos para o Super Bowl, a eleição de 2008 e outros eventos. A única questão é que o moderador não deve ser alguém do Twitter. Não podemos ter um funcionário da empresa ao lado do presidente. Tem que ser um jornalista, âncora ou intelectual. Se não participarmos, então seremos apenas a ferramenta. Como se o encontro fosse realizado por telefone.

Amac concordou e tudo ficou acertado. Ou pelo menos foi o que pensei.

O meu último dia oficial no Twitter foi em 28 de junho de 2011. No dia seguinte, o responsável pelas relações do Twitter com a politica e o governo mandou um e-mail para toda a empresa: "Às 8h no horário do Pacífico, a Casa Branca vai anunciar o primeiro 'encontro presidencial no Twitter' com o presidente Obama. O evento está agendado para a próxima quarta-feira, 6 de julho, às 11h no horário do Pacífico e será transmitido ao vivo do Salão Leste da Casa Branca. Jack Dorsey será o moderador." (Uma das primeiras decisões de Dick Costolo como CEO tinha sido recolocar o Jack na liderança da empresa de modo bem público, embora a atenção do Jack logo tenha se voltado para o Square.) Esse e-mail foi a primeira coisa que li de manhã, no celular e ainda na cama. Fiquei horrorizado. Imaginei o Jack ao lado do presidente como se dissesse: "Não só o Twitter ama o governo norte-americano, como amamos o Obama!" Era justamente o que eu tinha trabalhado tanto para evitar.

Sem pensar, cliquei no Responder a Todos e escrevi:

## UM PASSARINHO ME CONTOU

*Quando o Amac me explicou isso pela primeira vez, disse que ninguém do Twitter seria o moderador, justamente para destacar o fato de sermos uma tecnologia neutra. Discordo fortemente do envolvimento de qualquer funcionário do Twitter na moderação, especialmente um fundador.*

*Isso é muito errado e já expliquei os motivos várias vezes. Por favor, trabalhem mais arduamente para conseguir um moderador adequado vindo de uma empresa jornalística de prestígio, em vez do nosso fundador e responsável pelo produto. Isso vai contra três anos de trabalho para ficar longe da narrativa e manter a neutralidade.*

*Amac, o que houve? Isso é totalmente o contrário do que você me falou. Foi a única atitude que pedi para evitar e você concordou plenamente. A única atitude que pedi para evitar. Por favor, por favor, por favor, não façam isso dessa forma. Não devemos nos envolver assim.*

*Biz*


Eu estava com raiva. Durante a Primavera Árabe, tinha sido muito difícil manter a neutralidade e driblar todas aquelas armadilhas diplomaticamente. Todos aqueles anos de trabalho seriam jogados fora em apenas um dia. As respostas ao meu e-mail fervoroso vieram imediatamente, muitas apoiando a minha declaração, outras perguntando se eu estava ciente de que tinha enviado a minha crítica para toda a empresa. Estava sim. E como!

Embora eu ainda fosse tecnicamente um conselheiro do Twitter, a decisão não era minha. Eles mantiveram o Jack no encontro presidencial. E aquele foi o meu último email para toda a empresa.

## ALGO NOVO

No fim das contas, uma decisão como a escolha do moderador do encontro presidencial se resume a relações-públicas versus filosofia. O Twitter que ajudei a criar tinha uma visão idealista de longo prazo. Estávamos no ramo de unir a humanidade. Na verdade, eu tinha contratado uma pessoa de responsabilidade social corporativa alguns anos antes de escolher alguém para a área de vendas. O maior valor que eu via no Twitter era a capacidade de transmitir informações de modo imediato, ajudando as pessoas a reagir com rapidez e em conjunto, seja em momentos críticos ou apenas por diversão. Se houvesse um terremoto, uma revolução, uma vitória ou uma festa, o que o Twitter poderia fazer? Na minha visão, o Twitter não favorecia ninguém. Ficávamos longe das polêmicas. Essa neutralidade permitia que o serviço funcionasse em várias culturas e religiões e fosse verdadeiramente democrático.

Meu trabalho sempre foi dizer o que a empresa fazia e explicar os motivos de suas ações. Eu era o idealista, mas não tinha motivações políticas e nem tentava fazer ninguém parecer bom ou mau. Era o meu dever soar o alarme sobre a decisão do encontro presidencial ou qualquer outra que colocasse a nossa missão em perigo, por mais que fosse um trabalho desagradável. Gosto de pensar que a marca construída por mim virou sinônimo de liberdade de expressão e da importância de democratizar a informação.

Mas era o Dick quem comandava a empresa. Eu acreditava que fazer o bem no mundo era a chave do sucesso do Twitter e queria redefinir o capitalismo. Ao se registrar no Twitter, você passava a participar de algo bom. O Dick precisava liderar uma empresa com essa alma e transformá-la num negócio lucrativo. Não era tarefa fácil.

## UM PASSARINHO ME CONTOU

Desde o inicio, eu havia criado uma bússola moral e uma alma íntegra para a empresa. Instalei no Twitter o espírito de ir bem fazendo o bem. Fiz tudo o que podia neste sentido. Um dos últimos projetos em que tive voz ativa foi a mudança do Twitter para os novos escritórios na área do MidMarket em São Francisco. Na época, era uma parte desvalorizada da cidade, onde a nossa chegada poderia fazer a diferença. E, de fato, depois que nos mudamos, logo vieram outras empresas, dando início à revitalização do bairro.

Agora cabia ao Dick fazer a empresa crescer e manter vivo esse espírito. E a mim cabia esperar que o nosso investimento no altruísmo desde o início crescesse junto com a empresa.

E aqui estava eu travando pequenos combates. Não era assim que eu gostaria de passar o tempo. No geral, acreditava que Dick e a empresa tinham a intuição certa. Os negócios iam bem e o espírito da empresa era sólido. O Twitter estava pronto para o sucesso. Chegara a hora de fazer outra coisa. Eles poderiam cuidar da empresa.

No Blogger, meus colegas e eu desenvolvemos um tema para discussão que resumia as nossas crenças: "A troca aberta de informações pode ter um impacto global positivo" e levamos isso para o Twitter. Na verdade, esse aforismo virou uma iniciativa tácita e qualitativa. Poderíamos ter dito que a nossa missão no Twitter era "aumentar a troca aberta de informações de modo a ter um impacto global positivo". Depois de seis anos, centenas de milhares de usuários ativos e bilhões de tweets diários, poderíamos ter considerado a missão cumprida.

## ALGO NOVO

Quando saí, o Twitter, além de bem-sucedido, era a empresa empática que tanto desejei. Em vez de se mudarem para Mountain View, como fizeram várias grandes empresas de tecnologia, eles decidiram se estabelecer num bairro abandonado em pleno centro de São Francisco. Dick e os líderes criaram uma equipe especial para ter um envolvimento ativo na comunidade e descobrir como o Twitter poderia ajudá-la da melhor forma. Eles estavam fechando esse acordo durante os meus últimos dias na empresa. Além disso, na primavera de 2010, apenas seis meses depois de colocar no mercado o seu primeiro produto publicitário, a empresa lançou o Twitter Ads for Good (Anúncios no Twitter para o Bem). Com esse programa, organizações sem fins lucrativos poderiam se inscrever para receber tweets promovidos e contas grátis.

O Twitter estava fazendo o bem e continuaria a fazê-lo sem mim.

———

Era hora de descobrir qual seria a minha próxima empreitada. Enquanto isso, eu encontrava o Evan e o Jason para conversar, sem qualquer objetivo específico em mente. Revivendo o nome da antiga empresa, Obvious Corporation, nós investimos em algumas startups e criamos ideias para novas empresas. Além disso, contratamos um *coach* executivo, que analisou nossos pontos fortes e fracos e nos mostrou como poderíamos expandir nossas habilidades, aperfeiçoar os nossos pontos fortes e resolver os pontos fracos. Jason e eu ajudamos o Evan a montar uma plataforma de publicação chamada Medium. Alguns empreendedores aproveitam o intervalo entre

## UM PASSARINHO ME CONTOU

startups para fazer um MBA ou ser empreendedor-residente. Eu preferi retomar a Obvious com esses caras.

Essa pausa me deu tempo para elaborar algumas das ideias e teorias nas quais vinha trabalhando ao longo dos anos. Tínhamos uma visão privilegiada e de longo prazo do que poderíamos fazer como empreendedores pela nossa cidade, nosso país e pelo mundo. As pessoas defendem mudanças, enquanto ferramentas são úteis para implementá-las. Não sabíamos o que tínhamos inventado, mas dividíamos o desejo de criar sistemas que ajudassem as pessoas a trabalharem juntas para fazer do mundo um lugar melhor.

Refleti sobre todos os princípios que vinha implementando no Twitter: empatia, altruísmo, humanidade. Através da DonorsChoose.org, Product(RED) e do envolvimento com outras organizações de caridade, eu percebi que ajudar os outros era gratificante e dava sentido à minha vida. Acima de tudo, aprendi com o exemplo diário da Livia. Trabalhando na WildCare, ela levou um coice na barriga de um cervo, foi atacada diretamente nos olhos por um gambá, arranhada no rosto por uma coruja e fez respiração boca a boca num esquilo. Mesmo assim, sempre a vi brilhar de tanta empatia e altruísmo. É impossível não absorver isso, estando ao seu lado o tempo todo. Posso ser um cara decente, mas é porque sou profundamente influenciado por ela.

Essa percepção ajudou a definir o trabalho de toda uma vida. Eu sabia o que desejava para o meu trabalho, o meu caminho e o meu legado. Decidi dedicar a vida a ajudar as pessoas, mas precisava ser por meio de algo em que eu fosse bom.

A nossa abordagem em relação ao trabalho, os projetos que escolhemos e os pequenos atos cotidianos juntos resultam num

## ALGO NOVO

todo maior do que a soma das partes. Se a filantropia, caridade ou bondade (chame como quiser) estiver embrenhada no tecido da empresa, você automaticamente fará o bem enquanto ganha a vida. Eu queria reconfigurar as métricas de sucesso do capitalismo segundo a definição que estava desenvolvendo no Twitter. Primeiro, ter um impacto positivo e significativo. Segundo, amar de verdade o nosso trabalho. Terceiro, gerar uma receita forte. Essa é a melhor forma pela qual as corporações podem gerar impacto composto no mundo. Podemos ir bem simplesmente fazendo o bem. É possível trabalharmos para criarmos um planeta mais saudável, um mundo mais inteligente e até seres humanos melhores.

Eu desejava que o meu próximo projeto representasse tudo em que acreditava.

# 18

# A VERDADEIRA PROMESSA DE UMA SOCIEDADE CONECTADA

Meu filho Jake nasceu nas primeiras horas do dia 21 de novembro de 2011. Naquela mesma manhã, quando Livy já estava confortável na sala de recuperação, ela me tirou do meu estado desamparado, embora exultante, com um pedido:

## A VERDADEIRA PROMESSA DE UMA SOCIEDADE CONECTADA

— Por favor, vá lá fora e me traga um *latte* descafeinado com leite de soja e uma fruta.

Eu tinha passado a noite em claro e estava exausto (se é que um marido tem permissão de dizer isso um dia após a esposa ter dado à luz), porém cheio de energia. Repetindo as instruções mentalmente para fazer o pedido certo, corri para o Subaru Outback da Livy. *Fruta, latte de soja, fruta, latte de soja, fruta...*

Perto do Marin General Hospital fica uma praça onde há uma Starbucks. Eu saía do estacionamento logo atrás de um Prius preto novinho. De repente, o Prius parou. Havia cinco espaços vazios à frente, mas o motorista estava esperando uma mulher tirar um milhão de sacolas do carrinho de compras e colocar no carro. *Só pode ser brincadeira.*

*Dane-se*, pensei enquanto manobrava para o lado esquerdo do Prius. Mas eu não levei em conta o tamanho do Subaru da Livy. Estou acostumado a dirigir o Mini, que é pequeno. Como o parrudo Subaru não cabia entre o Prius e a fila de carros estacionados à minha esquerda, acabei arranhando a lateral do Prius.

E era para ser apenas um passeio rápido à Starbucks.

Olhei pela janela do carona para a janela da motorista do Prius e vi uma senhora de idade, que virou, olhou diretamente nos meus olhos e disse:

— Vá se foder, seu babaca.

Eu não consegui ouvi-la, mas li perfeitamente os lábios dela.

Saímos dos respectivos carros. A mulher estava muito irritada e continuava a me xingar muito. Tentando acalmá-la, falei:

— Vai ficar tudo bem. Foi só um arranhão. Os carros podem ser consertados rapidamente. Eu pago o prejuízo. Vamos fazer o seguinte: vou passar as informações do meu seguro para você.

Anotei o meu telefone, nome completo, tudo o que ela provavelmente precisaria. Enquanto escrevia, comentei:

## UM PASSARINHO ME CONTOU

— Aliás, eu estava vindo do hospital. Minha esposa acabou de dar à luz o nosso primeiro bebê. É um menino.

Eu estava tentando ser extremamente gentil. Afinal, tinha causado um transtorno, mas iria resolver. Pensei que uma conversinha casual ajudaria a esfriar os ânimos.

— Gostaria que tivéssemos nos conhecido em circunstâncias mais agradáveis. A senhora parece ser uma boa pessoa.

Ela respondeu com outra pergunta:

— Você falou que tinha um filho?

Veio na minha cabeça a imagem de Livy segurando o embrulhinho enrugado que era o Jake. Eu era *pai*. Eu tinha um *filho*. Dei um sorriso e confirmei:

— Isso.

Ela não se abalou:

— Bom, você fodeu com o carro do *meu filho*.

E voltou a gritar comigo.

Quando cheguei ao hospital, as enfermeiras perguntaram o motivo da demora e contei que tinha batido o carro. Eles adoraram a notícia e zombaram de mim por cometer um erro típico de pai de primeira viagem.

Foi um pequeno momento: um novo pai esgotado, uma senhora irritada, um problema fácil de resolver. O dia inteiro nós fazemos escolhas que têm consequências e a escolha que mais me interessa acima de tudo é como interagimos. Nós nos ouvimos? Podemos encontrar empatia? Saber algumas informações pessoais pode mudar uma situação de que forma? Se eu descobrisse por que a senhora estava tão infeliz (ela me contou que tinha perdido o marido recentemente), poderia entender por que ela não parava de gritar comigo por arranhar o carro do filho dela. *Este estranho acabou de ser pai. É um grande momento para ele. Esta senhora perdeu o marido com*

## A VERDADEIRA PROMESSA DE UMA SOCIEDADE CONECTADA

*quem vivia há sessenta anos. Qualquer inconveniência é a gota d'água para ela.* Quanto mais conectados nós estivermos, mais empatia vamos sentir.

———

A internet e os dispositivos móveis conectaram o mundo de modo inédito. O surgimento das mídias sociais levou a outra aceleração rápida na conectividade. Há quase uma década estamos "adicionando", "seguindo", "curtindo" e acumulando uma pródiga rede de conexões virtuais de várias formas, mas sem um objetivo de longo prazo. Para que tudo isso?

As conexões geram empatia. No verão de 2008, uma mulher chamada Amanda Rose estava com amigos num pub londrino e teve a ideia de reunir um grupo deles usando o Twitter. Ela decidiu cobrar pelo evento e pedir doações de alimentos enlatados com o objetivo de ajudar um abrigo local para pessoas sem teto chamado The Connection. Ela batizou o evento de Harvest Twestival e pronto: arrecadou mil libras em apenas uma noite.

Impressionada com a experiência, Amanda expandiu a iniciativa e disse: "Ei, pessoal de duzentas cidades do mundo, vamos todos organizar eventos e arrecadar um dinheiro." Pronto! Arrecadou 264 mil dólares para a Charity: Water. Aí ela decidiu fazer um negócio grande. E quando digo "negócio grande," é porque o assunto é sério. O Twestival se transformou numa iniciativa global de arrecadação através das mídias sociais, ajudando comunidades pelo mundo a usar estas mídias para criar eventos beneficentes. Isso é que é altruísmo composto!

O Twestival e outros projetos semelhantes provam que o voo em bando observado lá no início do Twitter, na South by

Southwest, ia além de um bando de nerds decidindo para qual bar deveriam ir. Ele permite vislumbrar o que acontece quando grupos aleatórios se tornam um só e *agem*. Na SXSW eu vi flashes de um futuro utópico. Agora sei que pequenos devaneios podem virar realidade.

*Imagine este tipo de comportamento numa escala de seis bilhões de pessoas. E se não fôssemos cidadãos de um país ou estado específico? E se fôssemos cidadãos do mundo? É de enlouquecer.*

O criador de *Jornada nas Estrelas* Gene Roddenberry imaginou um futuro utópico no qual a humanidade tinha eliminado a fome, o crime, a pobreza e a guerra. Nessa ficção, os humanos se uniram para explorar o universo. Como vamos chegar lá, ou pelo menos numa versão razoável deste futuro, exceto pelos Borgs malvados ("Resistir é inútil")?

A tecnologia é o tecido conjuntivo da humanidade. Se for utilizada e criada corretamente, pode trazer o que há de bom nas pessoas. Através das conexões fornecidas por ela podemos nos transformar numa única forma de vida imensa, emergente e superinteligente. Foi o que vi acontecer no Twitter.

Voar em bando é um triunfo da humanidade, que pode levar a ações concretas. Imagine se a humanidade pudesse cooperar entre si como uma forma de vida emergente: poderíamos fazer algo em um ano que de outra forma levaríamos cem anos para conseguir. Imagine se todos os astrofísicos do planeta deixassem o ego de lado e colaborassem numa missão a Marte? Ou se todos os cientistas ambientais trabalhassem como um só para acabar com o aquecimento global? Ou os melhores oncologistas do mundo se juntassem para pesquisar o câncer, um tipo de cada vez? Apenas 114 mil pessoas no mundo possuem trinta

## A VERDADEIRA PROMESSA DE UMA SOCIEDADE CONECTADA

milhões de dólares ou mais em bens. E se eles estivessem num grupo do Google e decidissem investir em algo capaz de mudar o rumo da História?

Todos nós estamos aqui e temos mais força juntos do que separados. Você consegue imaginar o que poderíamos fazer?

---

Essas ideias se agitavam na minha cabeça quando saí para caminhar com Ben Finkel. Nós nos conhecemos desde 2007, quando um amigo em comum me recomendou para ser conselheiro na startup dele, que foi adquirida pelo Twitter logo depois. Ben e eu gostávamos de tomar café, andar por aí e trocar ideias. Num belo dia ensolarado em dezembro de 2012 estávamos caminhando pelo Yerba Buena Gardens, um parque de São Francisco, e conversando sobre vários assuntos quando um pensamento invadiu a minha mente. Foi como se o meu cérebro tivesse feito uma pergunta, que era a seguinte: se eu fosse criar um mecanismo de busca hoje, considerando o cenário tecnológico atual, como ele seria?

Mas não era exatamente um mecanismo de busca. Usei um termo um pouco diferente na hora de explicar para o Ben:

— E se alguém nos obrigasse a criar um sistema que pudesse responder qualquer pergunta feita a ele? E se esse fosse o nosso desafio?

Como funciona um mecanismo de busca? Os documentos na internet se conectam uns aos outros através de hiperlinks. Quando você faz uma pergunta ao mecanismo de busca, ele encontra o documento mais relevante para aquela pergunta, de acordo com um algoritmo.

Mas agora há praticamente um telefone celular ativo para cada habitante do planeta. Praticamente todo mundo tem um celular. Assim, comecei a responder a minha pergunta:

— Se tivéssemos que inventar o mecanismo de busca, faríamos isso nos celulares. Os telefones são os hiperlinks da humanidade.

Esse pensamento era ao mesmo tempo simples, óbvio e empolgante para nós dois. As pessoas já estavam conectadas. Todos esses amigos, favoritos e seguidores formavam uma rede. Essa rede competia com qualquer mecanismo de busca em termos de capacidade para vasculhar documentos com rapidez e precisão. Havia espaço para reinventar toda a ideia de obter ajuda. Ben disse:

— Ai, meu Deus, você tem razão.

E ele tinha a sua parcela de ideias empolgadas para fazer isso funcionar. Então eu continuei:

— Poderíamos criar um sistema em que você faz uma pergunta, que será enviada às pessoas das suas redes sociais, provavelmente até dois graus de separação. Se elas não souberem responder, podem passar a pergunta adiante. Certamente alguém vai saber a resposta. É a teoria dos seis graus de separação em versão anabolizada. Poderíamos criar um sistema para responder qualquer dúvida. Bastava que as pessoas direcionassem as perguntas.

Já tínhamos visto tentativas de resolver problemas desta forma usando tecnologias improvisadas. Grupos do Yahoo eram criados, perguntas eram feitas no Twitter, Instagram e Facebook. Mas não há tecnologia que ajude as pessoas a responder perguntas de modo rápido e elegante sem outras distrações num telefone celular, e ainda por cima usando fotos. Ben e eu ficamos muito empolgados com a ideia de um app que parecia um mecanismo de busca e poderia responder qualquer pergun-

## A VERDADEIRA PROMESSA DE UMA SOCIEDADE CONECTADA

ta, porque a mandava para pessoas reais, com conhecimento e experiência idem. Era melhor do que a inteligência artificial, pois era a inteligência *real*. Poderia ser o futuro das buscas. Pessoas ajudando pessoas. Parecia interessante! Uma startup! Esse foi o resultado da nossa caminhada.

No dia seguinte, liguei para o Ben:

— Ainda estou pensando naquela ideia.

— Eu também — respondeu ele.

---

A forma mais simples de explicar o Jelly é dizendo que se trata de uma ferramenta para as pessoas se ajudarem.

Não é uma questão de tecnologia, e sim de pessoas. O conceito é bem simples: encaminhar uma pergunta a um amigo que talvez saiba a resposta. Pessoas ajudando outras pessoas é o que há de mais bacana do mundo. Essa ideia se utiliza da nossa sociedade já conectada. Como todos estes amigos, seguidores e contados podem se ajudar? Era nisso que estávamos trabalhando: uma forma de todos serem cidadãos do mundo.

Ben e eu não conseguíamos deixar a ideia de lado.

Decidimos chamá-lo de Jelly, pois a água-viva tem uma "rede neural" em vez de um cérebro. Diante de um desafio, basta apenas um entre milhões de neurônios conectados de modo impreciso disparar e subitamente várias águas-vivas se unem e atuam como cérebro para o grupo. Quando o desafio termina, as águas-vivas voltam a flutuar em sua rotina de sempre.

As águas-vivas estão por aí há uns setecentos milhões de anos (bastante tempo para algo sem cérebro), mas essa ideia de grupos de indivíduos capazes de realizar algo em conjunto que não conseguem sozinhos porque podem se organizar instantaneamente através de conexões temporárias é um vislumbre do futuro.

É assim que imaginamos o Jelly funcionando. Só agora, nessa época de conectividade móvel sem precedentes, é possível um mundo em que pessoas reajam instantaneamente a perguntas feitas por outras de modo que o todo pareça mais inteligente que a soma das partes. A verdadeira promessa de uma sociedade conectada está nas pessoas se ajudando. Foi por isso que decidimos criar o Jelly.

———

Mostrei a ideia do Jelly a algumas das pessoas que mais respeito, no fundo esperando ouvir que não valia a pena, pois eu sabia que se a colocasse em prática, daria tudo o que tinha. Comecei pelo Jack Dorsey, que comentou:

— Pare de falar. É a sua cara. Tem tudo o que você mais aprecia. Você precisa levar o projeto adiante.

Também falei do Jelly com três amigos que considero brilhantes: Jack, Kevin Thau e Greg Pass. Sempre me referi ao Kevin como "o funcionário mais querido do Twitter". Ele entrou em 2008 para gerenciar a estratégia em dispositivos móveis e acabou liderando todas as nossas iniciativas nesta área. Greg Pass fundou a Summize e foi o primeiro executivo-chefe de tecnologia do Twitter. Todos eles disseram que eu precisava continuar o projeto. Ben Finkel até queria sair do Twitter e montar uma empresa comigo. Até que Livy e eu fomos jantar na casa do Kevin Thau. Pela terceira vez, ele falou:

— Sobre o negócio do Jelly? Estou dentro.

Eu retruquei:

## A VERDADEIRA PROMESSA DE UMA SOCIEDADE CONECTADA

— É isso que os garotos estão falando hoje em dia? "Estou dentro" significa que você acha uma boa ideia?

Ele respondeu:

— Significa que eu quero trabalhar com você.

De repente eu senti o estômago embrulhar. Talvez eu precise mesmo levar o projeto adiante. O Kevin tinha uma experiência de vinte anos na indústria de celulares. Ele é um atleta em todos os aspectos corporativos, tem visão técnica e também de negócios. Com o apoio do Kevin e do Ben, eu sabia que conseguiria transformar a ideia numa empresa legítima.

Eu sempre me vi como Melhor Ator Coadjuvante enquanto o Ev brilhava como Melhor Ator. Trabalhar com ele era incrível, mudou a minha vida. Sempre vou considerá-lo um bom amigo, mas agora eu sentia um novo surto de autoconfiança trabalhando sozinho.

Mesmo assim, estava um tanto decepcionado. Afinal, estava gostando de trabalhar três dias por semana na Obvious e passar o resto do tempo com a minha família recém-aumentada. Vinha daí o embrulho no estômago. Mas não podia deixar essa ideia passar. O Jelly permitiria que as pessoas se ajudassem. Seria um aplicativo móvel que pareceria um mecanismo de busca, mas com uma grande diferença: as pessoas responderiam às perguntas no lugar dos computadores.

*Não seria ótimo se todos sempre se lembrassem de que há pessoas precisando de ajuda? Não seria ótimo se todos sempre se lembrassem de que há pessoas prontas para oferecer ajuda?*

A melhor forma de abordar a cidadania global é cultivando a empatia. Tudo começa na capacidade de se colocar no lugar do outro. *Esta senhora está me xingando porque arranhei o carro dela. Não vou devolver os gritos. Vou ouvi-la. Eu tenho os meus problemas agora, mas existem outras pessoas além de*

## UM PASSARINHO ME CONTOU

*mim. Elas também têm problemas. E eu posso ajudá-las.* Se você exercitar esse músculo e todo mundo fizer o mesmo, estaremos na direção certa rumo ao futuro.

O Jelly não vai salvar o mundo, mas talvez dê um empurrãozinho para que ele tenha mais empatia. Decidi dar uma chance.

Comecei a vida profissional como Biz Stone, Gênio. Eu sabia que era capaz de realizar algo, mas não tinha certeza exatamente de quem eu era, no que acreditava ou o que gostaria de realizar.

Agora eu sei o que estou fazendo e parei de me intitular gênio. Sou um cara que acredita no triunfo da humanidade com uma ajudinha da tecnologia. Pode não ser tão substancial ou grandioso quanto gênio, mas significa muito mais para mim.

E assim criei o Jelly para cavar um nicho especifico no mundo das tecnologias que conectam a humanidade. Se a minha empresa vai ser um sucesso, ainda não se sabe, mas ela é movida pelos princípios que mais me inspiram.

Eu disse à nossa equipe que se conseguirmos fazer milhões de pessoas colocarem na memória muscular diária a ideia de ajudar outra pessoa, podemos ter um impacto positivo no quociente global de empatia. A visão grande e ambiciosa do Jelly quanto ao futuro é de criar a empatia em âmbito mundial.

---

De alguma forma cumulativa e subconsciente, a humanidade chegou ao período mais hiperconectado de nossa história. Podemos compartilhar fotos digitais com visual retrô, jogar com amigos de amigos e até acompanhar o pulso do mundo em 140 caracteres ou menos.

Porém, há algo muito mais importante reservado à humanidade agora que vivemos desta forma.

## A VERDADEIRA PROMESSA DE UMA SOCIEDADE CONECTADA

Por que estamos criando vastas redes pessoais? Para a maioria de nós, essa pergunta não é o principal motivo para o nosso desejo contínuo de apertar o botão Seguir. Não pensamos em aplicar essas conexões a longo prazo. Basicamente queremos apenas compartilhar imagens com amigos, ter acesso instantâneo à informação e por aí vai. Queremos jogar Letterpress e saber quem faz aniversário hoje. O acesso instantâneo à informação e às pessoas é fantástico. Estamos fazendo coisas interessantes e divertidas desde o advento dessa conectividade. Mesmo assim, eu me pergunto: *por quê?*

Por que viramos a humanidade mais hiperconectada que já existiu? Não é uma questão de manter contato com amigos e familiares. Não é apenas para jogos. E muito menos para obter informações avançadas ou se manter informado sobre o que está acontecendo no mundo. A verdadeira promessa de uma sociedade hiperconectada é ajudar uns aos outros.

Repetindo: as pessoas são basicamente boas. Estamos nos conectando para conseguir ajudar uns aos outros. Para colaborar uns com os outros. Quer motivo melhor?

Isso já aconteceu com todo mundo. Dirigindo pela via expressa, vimos uma pessoa parada no acostamento. Três atitudes passam pela cabeça numa fração de segundos. Como as pessoas são fundamentalmente boas, o primeiro pensamento que temos é *devo parar e ajudar.*

Mas aí surgem outros pensamentos:

*E se a pessoa for louca?*

*Posso acabar perdendo várias horas.*

*Vou me atrasar para o meu compromisso.*

A terceira atitude consiste numa mentirinha de leve. *Eles provavelmente têm seguro.* Ou: *Provavelmente algum amigo já está a caminho.* Ou ainda: *Eles provavelmente têm seguro e um amigo*

## UM PASSARINHO ME CONTOU

*já está a caminho. Se eu parar, vou apenas ser inconveniente.* Então aumentamos a pilha de culpa do dia e seguimos adiante.

Mas e se nós parássemos? E se fôssemos para o acostamento e perguntássemos: "Qual é o problema? Ah, o pneu furou? Tem estepe aí? Posso trocá-lo para você." E se nós trocássemos o pneu, limpássemos a poeira das mãos, satisfeitos, aceitássemos um agradecimento sincero e seguíssemos o nosso caminho, felizes da vida?

Isso nos daria alguma sensação boa? Na verdade, seria uma sensação incrível! *Que pessoa ótima eu sou. Parei e ajudei alguém que estava precisando.* Nós ficaríamos cheios de orgulho justificado. Até encontraríamos qualquer desculpa para contar sobre esse esforço humanitário aos outros: "Ah, vocês vieram trabalhar de carro hoje? Isso me lembra que ajudei uma pessoa na estrada..."

Todos têm empatia dentro de si, mas às vezes ela fica dormente até acontecer alguma experiência reveladora: uma viagem à África, um médico que salva a vida do seu filho, um amigo querido que precisa de ajuda. Situações específicas e singulares como essas nos fazem enxergar o mundo de outra forma. Mas como despertar a empatia em sociedades inteiras?

Se ajudar os outros fosse fácil, nós o faríamos com muito mais frequência. Parar e trocar um pneu furado exige tempo, conhecimento, certeza de que vai estar em segurança e possivelmente uma troca de roupa. A verdadeira promessa de uma sociedade conectada consiste em habilitar o nosso potencial dormente para empatia. E também alavancar toda esta conectividade social e móvel de modo que ajudar os outros seja tão simples quanto deslizar o dedão numa tela. O Jelly pode não ser a resposta ou a única resposta, mas pelo menos é guiado pela pergunta certa.

*A empatia global é o triunfo da humanidade.*

# CONCLUSÃO

Os laços que formei no Twitter são para a vida toda. Fui responsável por alguns acordos entre organizações de caridade como a DonorsChoose.org e Product(RED) e a empresa do Jack, Square. Estou no conselho diretor da empresa do Evan, Medium. Jack e Evan são investidores-anjo e conselheiros pessoais na minha empresa, Jelly. Saio com os dois socialmente, em separado, e os vejo toda semana.

O Twitter abriu o capital quando eu estava terminando este livro. A empresa obteve rios de atenção da imprensa. Todos estavam falando do Twitter. O Twitter estava nos *Trending Topics* do Twitter. Sempre que uma empresa abre o seu capital, há muito a dizer, mas para mim o Twitter continuava sendo uma ferramenta simples que cria excelentes oportunidades. Certamente foi assim comigo. Eu ajudei a construí-lo e, como acontece com todas as nossas experiências, ele ajudou a me construir.

Pretendo que as lições deste livro sejam cruciais para quase todas as experiências. Se você enxergar além dos atos de ir para o trabalho, tomar café, trabalhar, beber mais café, encaminhar vários e-mails para os colegas, voltar para casa e encarar as contas que você pode ou não pagar esta semana, se conseguir enxergar além da labuta diária, vai descobrir verdades sobre como e por que você levanta da cama de manhã, bem como o que traz cor ao mundo preto-e-branco da realidade. Paixão, risco, originalidade, empatia, fracasso, otimismo, humor, a sabedoria dos outros: estas são as forças que movem as nossas decisões, norteiam a nossa definição de sucesso e se a vida é gratificante, no fim das contas. Pode não haver um dia específico em que você pare e diga: *como posso encontrar o ponto otimista desta situação?* Mas a minha esperança é que esses conceitos surjam gradualmente nos momentos difíceis e ponham a cabeça para dentro dos cubículos, escritórios, salas de estar, salas da diretoria e quartos onde caminhos são traçados, direções mudam e a inspiração nasce.

---

Convido você a abrir a mente para as novas possibilidades. Vamos fingir até dar certo. Vamos criar visões de um futuro ambicioso.

Não é preciso largar o emprego, mas pense no que poderia mudar sua trajetória em meio grau. Quando você volta para casa todas as noites, suas primeiras palavras podem ser: "Cheguei! Como posso ajudar?" Experimente fazer isso. Você pode ter um emprego horrível, não gostar dele e trabalhar apenas pelo dinheiro, mesmo se a grana não for lá essas coisas. Tente enxergar esse trabalho de outra forma. Encontre algo na sua vida que seja ótimo e siga este caminho. Seja voluntário. Mesmo se você estiver na pior situação possível, há esperança. Desafie-se. Defina o seu limite. Redefina as métricas de sucesso. Crie as suas oportunidades. Reavalie a sua situação.

Estamos todos marchando juntos. Estamos a caminho de algo importante, e vai ser bom.

# AGRADECIMENTOS

Conseguir trabalhar numa startup pode ser difícil, pois há muitas distrações. Ao longo dos anos descobri que uma das maiores distrações era eu. Estou sempre falando, brincando, trocando ideias, fazendo perguntas e ultrapassando limites pessoais em nome da inovação de um modo que considero "informal", mas talvez nem todos concordem. No geral, costumo ter um efeito perturbador nas pessoas ao meu redor. Então, a todos que aguentaram ficar ao meu lado durante a minha carreira, eu reconheço e agradeço a sua capacidade de concentração.

Para ser mais específico, além da minha linda, inteligente e carinhosa esposa Livia, gostaria de agradecer a muito mais gente.

Agradeço a Mandy Stone, Margery Norton, Sarkis Love, Lucien Renjilian-Burgy, Joy Renjilian-Burgy, Donald Burgy, Steve Snider, Marc Ginsburg, Dan Godrick, Jason Yaitanes, Greg Yaitanes, Greg Pass, Jack Dorsey, Evan Williams, Sara Williams, Jason Goldman, Peter Jacobs, Hilary Liftin, Raymond Nasr, Ben Greenberg, Lydia Wills, Nicole Bond, Katie Alpert, Camille Hart, Lauren Hale, Steven Johnson, Steven Colbert, Ron Howard, Charles Best, Chrysi Philalithes, Doc G, Arianna Huffington, Brian Sirgutz, Al Gore, Bill Clinton, Bijan Sabet, Bono, Reid Hoffman, Roya Mahboob, Kevin Thau, Ben Finkel, Brian Kadar, Alexa Grafera, Austin Sarner, Luke St. Clair, Ben Finkel, Brian Kadar, Alexa Grafera, Austin Sarner, Luke

## UM PASSARINHO ME CONTOU

St. Clair, Steve Jenson, Jason Shellen, Noah Glass, Alexander Macgillivray, Yukari Matsuzawa, Abdur Chowdhury, Giorgetta e Leo McRee, Fritz Glasser, Meghan Chavez, a Wellesley High School e, só para garantir, agradeço ao meu eu do passado, do presente e do futuro.

Para ser bem claro, se você realmente leu este livro, então sabe que eu adiei literalmente até o último minuto para escrever esses agradecimentos. Isso significa que provavelmente esqueci nomes fundamentais para o meu sucesso. Não é possível obter este nível de sucesso e felicidade que alcancei sem a colaboração de centenas e talvez milhares de pessoas.

Então se por acaso eu me esqueci de citar o seu nome, fica aqui o meu agradecimento. E há também o efeito bumerangue. Se você me ajudou, por favor saiba que reconheço isso e lhe desejo boa vontade, felicidade e saúde.

Muito obrigado,
Biz

Este livro foi composto na tipologia
Melior LT Std em corpo 11/16, e impresso em
papel Lux cream 70g/m² na Lis Gráfica e Editora.